六つの精進

〔日〕 稻盛和夫 著

曹岫云 译

六项精进

六つの精進

人民邮电出版社

北京

图书在版编目（CIP）数据

六项精进 / （日）稻盛和夫著 ；曹岫云译. -- 北京：
人民邮电出版社，2021.11
ISBN 978-7-115-57638-5

Ⅰ．①六… Ⅱ．①稻… ②曹… Ⅲ．①稻盛和夫—企
业管理—经验 Ⅳ．①F279.313.3

中国版本图书馆CIP数据核字(2021)第203942号

◆　著　　　　[日]稻盛和夫
　　译　　　　曹岫云
　　责任编辑　宋　燕
　　责任印制　周昇亮
◆　人民邮电出版社出版发行　　　　北京市丰台区成寿寺路11号
　　邮编　100164　电子邮件　315@ptpress.com.cn
　　网址　https://www.ptpress.com.cn
　　涿州市京南印刷厂印刷
◆　开本：880×1230　1/32
　　印张：7.75　　　　　　　　　　2021年11月第1版
　　字数：200千字　　　　　　　　2025年9月河北第21次印刷
　　　　　著作权合同登记号　图字：01-2021-5524号

定价：69.00元
读者服务热线：（010）67630125　印装质量热线：（010）81055316
反盗版热线：（010）81055315

六つの精進

六项精进

付出不亚于任何人的努力

要谦虚，不要骄傲

要每天反省

活着，就要感谢

积善行，思利他

不要有感性的烦恼

目录 /

总序

贯彻做人的正确准则   1

译者序

正确思考的力量   7

第一章

六项精进概述   19

第一项 付出不亚于任何人的努力   22

第二项 要谦虚，不要骄傲   33

第三项 要每天反省   34

第四项 活着，就要感谢   40

第五项 积善行，思利他   45

第六项 不要有感性的烦恼   50

第二章

超越经济变动，实现企业持续发展   57

创办京瓷   59

经济周期的影响   61

从容应对严峻的经营环境   69

经营还需要哲学   80

第三章

忍受萧条，伺机出手   91

关键在于平时的"储备"   95

18 位志同道合的伙伴   99

成功不属于个人   102

以人为本的经营   106

第四章

稻盛和夫论谦虚

111

必须经常保持谦虚的姿态　　113

谦虚使人进步　　113

人一旦傲慢必定灭亡　　115

第五章

盛和塾塾生心得

123

改心之道　　125

正确指导人们一切言行的根本思想　　146

以利他之心感受幸福　　165

稻盛经营学让我找到人生的意义　　190

稻盛哲学唤醒逆境中的大智慧　　211

六项精进

总序 ／ 贯彻做人的正确准则

从 1959 年至今长达半个世纪内，我创建并经营了京瓷和 KDDI 两家企业集团。很幸运，这两家企业都取得了长足的发展。现在这两家企业的业绩简单相加，销售额达 4.7 万亿日元，利润逼近 6000 亿日元。

另外，2010 年，我接受日本政府的邀请，就任代表国家形象的、破产重建的日本航空公司的会长。在重建过程中，我着力于经营干部的意识转变，以及企业体质的改善。这样的努力，第一年就取得了可喜的成果，业绩大幅超过了重建计划中预定的数字，现在日本航空的利润率已超过两位数，正在变成一个高收益的企业。

取得这些成就，原因不过是在企业经营中，我彻底地贯彻了经营的原理原则而已。那么，所谓原理原则是什么呢？那就是"贯彻做人的正确准则"。我在必须做出经营判断的时候，总要扪心自问："作为人，何谓正确？"答案是坚持把作为人应该做的正确的事情以正确的方式贯彻到底。

或许有人认为，这样的经营要诀未免太简单、太朴实了。但是，正因为贯彻了这条原理原则，我自己以及继承我工作的京瓷和 KDDI 的经营干部，才没有发生过经营判断上的失误，才使企业顺利地成长发展到今天。

我的经营哲学还有另外一个侧面。那就是：立足于宇宙的本源以及人心的本源来展开经营活动。

我认为，在这个宇宙间，流淌着促使万物进化发展的"气"或"意志"。同时我认为，人的本性中充满"爱、真诚与和谐"。所谓"爱"，就是祈愿他人好；所谓"真诚"，就是为社会、为世人尽力；所谓"和谐"，就是不仅让自己，也要让别人生活幸福。

如果我们每一个人都以充满"爱、真诚与和谐"之心去生活、去工作，那就意味着与引导万物向好的方向发展的宇宙的潮流相一致。这样，我们的经营就会顺畅，人生就会美满。这就是我在将近 80 年漫长的人生中坚信不疑的"真理"。

本书就遵循这样的思想，由近年来我在中国的演讲为主编辑而成。面对中国的经营者和企业干部、政府官员和大学学者以至一般市民，我都从原理原则讲起，涉及人的本性和宇宙的本源，阐述经营和人生的要诀，获得了人们广泛的赞同。

近期，我的演讲将汇编为图书在中国出版发行，作为著者，我衷心希望，从人和宇宙的本源谈起的我的哲学，能够跨越国界、民族和语言的障碍，到达广大中国男女老少的手中，为让他们的人生更美好、经营更出色做出我的一份贡献。同时，如果这对促进一衣带水的中日两国的友好关系也能助上一臂之力，那就是我的无限之喜了。

在本书出版之际，请允许我对为出版本书做出不同寻常努力的稻盛和夫（北京）管理顾问有限公司的曹岫云董事长，以及很爽快地为本书提供文稿的中国和日本的有关企业家表示深切的谢意。

谨以此文作为本书的序言。

稻盛和夫
日本京瓷名誉会长

译者序 ／ 正确思考的力量

六项精进

思考就是哲学

"心之官则思"，每个人每天都在思考。但思考有自觉和不自觉之分，有深刻和肤浅之分，有正确和错误之分。

思考是种子，行动是花朵，成败是果实。从这个意义上讲，思考是一切的起源。

参天大树原本只是沉睡的种子，翱翔天空的苍鹰早先只在卵中待机，世界上的一切伟业最初不过是伟人心中的一个梦想而已。

中国历史上没有"哲学"这个词语，据说这个词语从日本引进，而日语中的"哲学"又是从希腊语"philosophia"翻译而来的。被称为"近代哲学之父"的笛卡儿说："我思，故我在。"据说西方有人对"哲学"的定义是："对人的本质进行思考这种行为本身就是哲学。"提倡自由深入地思考，其结果之一就是促进了科学技术的迅猛发展。

经营哲学

在稻盛和夫先生之前，日本很少甚或没有人将"经营"和"哲学"两个词语联系在一起。而在中国，改革开放后虽然提倡"科学管理"，但是在很长时间内却没有"经营哲学"这样的说法。近年来，"经营哲学"这个词语在日本、中国开始流行，逐渐成为常用语。

但是早在 50 多年前，稻盛先生就开始思考经营和哲学的关系。

1956 年，稻盛在一家名叫"松风工业"的陶瓷企业打工，时年 24 岁。

当时日本三井物产有一位"大人物"吉田先生，他主要负责松风工业绝缘瓷瓶的出口业务。吉田常来公司调查。他发现该公司其他部门的员工意志消沉，唯有稻盛领导的"特磁科"士气高昂，干劲十足，吉田觉得不可思议。

凑巧的是，这位吉田先生和稻盛在鹿儿岛大学时的恩师内野教授是东京大学的同窗好友。内野在吉田面前曾经多次夸奖稻盛。吉田在调查结束时提出要约见稻盛和夫。

稻盛觉得吉田虽然是老前辈又是大人物，但很可亲，值得信任，同他交流是难得的机会，于是就将平时头脑里经常思考的松风工业经营上的事情，直率地、毫无保留地告诉吉田。切身经历加上深思熟虑，稻盛讲得既生动又具说服力，无论话题、措辞、内容还是其中包含的思想，都与稻盛当时的年龄、身份很不相称。吉田先生一声不响，神情专注，静听稻盛述说，最后大声说道："才二十几岁，年轻人，真不简单，你已经有了自己的 philosophy。"

稻盛当时不知道"philosophy"是什么意思，回到宿舍一翻辞典，"philosophy"就是"哲学"。那一瞬间，稻盛心中不由自主地一阵颤动。

吉田不愧为有见识的大人物，他一句话就点中了稻盛的本质特性，可以说，这句话催生了后来的"京瓷 philosophy"，即"稻盛哲学"。

"经营为什么需要哲学？"这就是几十年来稻盛经典演讲的主题之一。如果说泰勒首倡了"科学管理"，那么稻盛和夫首倡了"经营哲学"。我想这种说法符合事实。

正确思考

稻盛先生白手起家，40 年间创建了京瓷和 KDDI 两家世界 500 强企业。2010 年 2 月 1 日，78 岁高龄的稻盛先生在退休 13 年后再度出山，应日本政府邀请，出任破产重建的日航的会长。在万众瞩目之下，仅仅 10 个月，日航就大幅扭亏为盈，创造了日航历史上空前的 1580 亿日元的利润。然而，这一切不过是稻盛哲学的产物。或者说，这种不可思议的成功仅仅源于稻盛先生的正确思考。

稻盛先生是理工科出身，作为一名科学技术工作者，在新型精密陶瓷领域，他年轻时就有许多划时代的发明创造。稻盛先生具备科学家合理思考、追究事物真相的科学精神。

作为企业家，稻盛先生气势如虹又心细如发。他不但善于把握宏观形势，做出类似参与通信事业这样超乎常人的战略决策，而且在企业管理的所有细节上，通过贯彻"钱、物、票一一对应""双重确认""玻璃般透明的经营"等方法，彻底把握经营的实态，把握事情的本质。稻盛先生创建了精致、缜密、实用的经营模式。如果你读过《稻盛和夫的实学：经营与会计》和《阿米巴经营》这两本书，你一定会对稻盛先生彻底的实事求是态度肃然起敬，并且能理解稻盛的企业 50 年持续盈利的秘诀。有如此作为的企业家，我闻所未闻。

为了进一步净化自己的心灵，在精神世界追求更高的境界，65 岁后，稻盛先生曾一度投入佛门，认真修行。稻盛先生并不停留在对佛教单纯的信仰上，结合自己丰富的人生实践，他还对佛教的精髓"六波罗蜜"，即布施、持戒、精进、忍辱、禅定、智慧，做出了积极的、深入浅出的解释，令人倍感亲切。

科学家、企业家、宗教家之外，我认为稻盛先生最本质的特色在于他是一位"彻底追求正确思考的哲学家"。人类有史以来涌现了不少卓越的思想家、哲学家。而哲学家同时又身兼科学家、企业家、宗教家，一身而数任的人，稻盛先生或许是独一无二、天下无双的。更可贵的是：稻盛先生不仅养成了深思熟虑的习惯，而且他是一位彻底地追求正确思考的哲学家。

人究竟应该怎样生活？企业家应该如何正确地经营企业？正确的人生观对个人、组织、人类具有何等重大的意义？提出如此重大命题的人意外地少。而不停地提出、思考、回答这些问题的，就是稻盛先生的哲学和实践。

稻盛哲学的原点是"把'作为人，何谓正确'当作判断一切事物的基准"。

稻盛哲学的核心用一个方程式表达就是：

$$人生 \cdot 工作结果 = 思维方式 \times 热情 \times 能力$$

$$-100 \sim 100 \qquad 0 \sim 100 \qquad 0 \sim 100$$

如此鲜明简洁地提出如此重要的哲学观点，并一辈子切实实践的企业家，前无古人。

正确思考的威力

稻盛先生的青少年时代充满挫折甚至苦难。大学毕业后好不容易入职的企业却连续十年赤字，连工资也不能如期发放。为此，稻盛先生曾经怨天尤人。但当身为技术员的稻盛先生正确思考一名优秀的技术员应该如何开展研究工作，并全身心投入时，奇迹出现了。

稻盛被石蜡绊着、差点摔倒的一瞬间，他得到了精密陶瓷中划时代的新材料镁橄榄石合成方法的发明灵感；当他看到高温炉中板状陶瓷零件像鱿鱼般翘曲时，突然产生用手从上面压住的冲动，从而获得灵感，干脆利落地解决了重大的技术难题……

稻盛 27 岁创业，因为不知如何正确经营企业而苦恼时，他又获得了灵感，确立了在经营中判断一切事物的基准——作为人，何谓正确。

京瓷初创时的 28 名员工中，20 多名是高中学历，稻盛自己也只是一所地方大学的毕业生。为了回答"能力平凡的人怎样才能取得不平凡的成功"，稻盛想出了上述精彩的人生方程式。

在处理 11 名高中学历员工集体辞职的事件时，稻盛毅然放弃了"技术问世"的创业目的，"在追求全体员工物质和精神两方面幸福的同时，为人类社会的进步发展做出贡献"这一伟大的公司理念诞生了。

京瓷发展壮大，稻盛先生忙得不可开交时，他又从孙悟空拔毛吹出分身的故事中获得了灵感，创造了"阿米巴经营"模式，实现了真正的全员经营，奠定了京瓷、KDDI 稳步快速发展的基础。

孙正义创建的软银集团也是世界 500 强企业。孙正义曾是稻盛创办的"盛和塾"的塾生。最近在拜访稻盛先生时，孙正义说："如果没有稻盛先生'敬天爱人'的思想和阿米巴经营方式，就没有软银的今天。"

"盛和塾"现在已有 15000 名企业家塾生，他们学习并实践稻盛先生正确的经营思想，大部分企业都有了不同程度的进步，其中近百家企业已经成功上市。

神的智慧

稻盛先生于 2010 年 2 月 1 日正式出任日航会长，而在此前的 1 月 19 日，日航公开宣告破产。这一天，稻盛按预定日程乘坐日航的航班飞往夏威夷参加盛和塾的开塾仪式。在大阪关西机场，稻盛对前来送行的日航关西支店长山口先生说："我是为了日航的员工才到日航来的。"又说："日航的干部要一天

24 小时思考日航的经营问题。"这两句话深深地刻入了山口先生的心中。

稻盛先生强调："在高尚的思想里蕴藏着巨大的力量。"为什么呢？

思考是人的显意识在发挥作用。但如果你怀抱善念，针对某一难题，朝思暮想、左思右想、前思后想、苦思冥想，一天 24 小时思考，反复地、深入地、强烈地思考，这样，你的愿望会渗入潜意识。在不经意间，潜意识会突然给你灵感，让你心中一亮，立即抓住事物的核心，问题顷刻间迎刃而解。

稻盛先生把这种灵感称为"神的智慧"。回顾发明镁橄榄石合成方法的过程，稻盛先生说："当时在我头脑里闪过的这种灵感，并非出于我个人的实力，在我偶然绊上石蜡的一刹那，是'神'给了我启示，让我产生灵感的闪光。"

稻盛先生说："如果不是这样，就无法说明为什么能力平平，缺乏知识、技术、经验、设备的我，竟然能够做出世界一流的发明创造。"

宇宙之心

根据宇宙物理学最权威的"大爆炸"理论，广袤浩瀚的宇宙原本只是一小撮高温高压的基本粒子的团块。经"大爆炸"产生的质子、中子、介子组成原子核，再与电子结合构成原子，原子结合形成分子，分子组成高分子，从中产生 DNA，从而孕育出生命体，生命从低级进化到高级，最终出现人类。宇宙为什么在演化过程中一刻也不肯停顿呢？这绝非偶然。不妨设想存在着"宇宙的意志"或"宇宙之心"，它促使森罗万象一切事物向好的方向发展。稻盛先生强调，如果我们的想法与"宇宙的意志"同调，我们的事业一定会繁荣昌盛，反之，即使一时成功，最终必然衰落乃至灭亡。个人如此，企业如此，国家如此，整个人类亦如此。

稻盛和夫经营哲学是稻盛先生十几年甚至几十年思考和实践的产物，是正确做人做事的最高智慧，其中妙语如珠，格言箴言接二连三。其中每一篇都足以引发我们深思，如果它溶入我们的血液，我们的事业一定繁盛不衰，我们的人生一定幸福美满。

曹岫云

稻盛和夫（北京）管理顾问有限公司董事长

六项精进

第一章 ／ 六项精进概述

全国大会开了两天，大家累了吧，在闭会前，我再给大家作一小时的讲话。[1]

这两天，受表彰的 8 名塾生发表了各自的经营心得，给了大家很多启示。他们的发言很精彩，足以汇编成册，供大家学习参考，这些发言都很有价值。

今天给大家讲什么呢？我想了很多。许多话虽然以前讲过，但是，鉴于当前严峻的经济环境，有些话仍然值得回味。从自己经营企业的直接经验中，我思考、感悟的东西，遇到这样的问题，必须这样处理，等等，我多次讲过，今天，我想就这些内容重新谈谈自己的观点。

接下来，就"六项精进"这个话题，再次给大家谈一谈。

"六项精进"是在我向大家传授经营十二条之前提出来的。我在年轻的时候就认为，只要做好这"六项精进"，就能搞好企业，不仅是企业经营，为了度过美好的人生，这"六项精进"也必不可少。这是我在经营实践和生活实践中的切身体会。

在我看来，"六项精进"是搞好企业经营所必需的最基本的条

---

[1]　本章由稻盛和夫先生于 2008 年 7 月 17 日在第十六届盛和塾日本全国大会上的演讲汇编而成。

件，同时，它也是我们度过美好人生必须遵守的最基本条件。如果我们每天都能持续实践"六项精进"，我们的人生必将更加美好，美好的程度将超过我们自己的能力和想象。事实上，我的人生就是这样的。

如果你想拥有幸福、美好、平和的人生，如果你想把你的企业经营得有声有色，如果你想让你公司的员工幸福快乐，那么，你就忠实地实践"六项精进"吧。

创造自己美好幸福的人生其实并不难，倒不如说这是一件容易的事情，这就是我的观点。

第一项　付出不亚于任何人的努力

认真、拼命地工作

"六项精进"中率先登场的就是"付出不亚于任何人的努力"。

在经营十二条中，我也向大家强调了"付出不亚于任何人的努力"这一条。在"六项精进"中，我将它列在第一位。

在企业经营中，最重要的就是这一条。这就是说，每一天都竭尽全力、拼命工作，是企业经营中最重要的事情。同时，如果要让人生幸福美满，那么每一天都认真干活是先决条件。想拥有美好的人生，想成功地经营企业，前提条件就是要"付出不亚于任何人的努力"，换句话说，就是要勤奋工作。做不到这一点，企业经营的成功、人生的成功，都是空中楼阁。不愿勤奋工作，只想轻松舒服，企业当然经营不好，美好的人生也就无法实现。

说得极端一点，只要拼命工作，企业经营就能顺畅。刚才提到，今年也许不景气，但不管哪个年代，不管怎样的不景气，只要拼命工作，任何困难都能克服。人们常说，经营战略最重要，经营战术不可少。但是，我认为，除了拼命工作，不存在第二条通向成功之路。

回首往事，我在 27 岁的时候成立了京瓷公司，开始经营企业。当时，我连经营的"经"字都不识，我心里只有一个念头，不能让公司倒闭，不能让支持我、出钱帮我成立公司的人遭殃。为此，我拼命地工作，常常从清晨干到深夜 12 点，甚至凌晨一两点，我就这样夜以继日地工作，努力再努力。

2009 年是京瓷创立 50 周年。回想过去，虽然 70 岁之后的努力程度不如从前，但在这 50 年里，我一贯勤奋工作。因为正是凭借这种勤奋才有了京瓷今天的辉煌。从这点来看，也证明我上述观点没有错。除了拼命工作，世界上不存在更高明的经营诀窍。

企业家、学者、研究员、艺术家，不管哪行哪业，他们能取得出色的成绩，都是竭尽全力、埋头工作的结果。

我常想起我的舅舅和舅妈。从中国回国时，他们身无一文，战争[1]结束后，他们在鹿儿岛做起了蔬菜生意。舅舅的文化程度不过小学毕业，他每天拉着大板车做买卖。爱说三道四的亲戚们总是以轻蔑的眼神盯着他："那个人既没学问又没脑子，所以只好在大热天里拉板车，一身臭汗地做生意。"

舅舅的个子很矮，不管是盛夏还是严冬，他拉着比自己身体大得多的板车，车上装满了蔬菜。我小时候常常看到舅舅那时做生意的光景。

我想，舅舅并不知道什么是经营、该怎样做买卖，也不懂财务会计。但是，就是凭借勤奋和辛劳，他的菜铺规模越来越大，

---

[1] 此处指第二次世界大战。——编者注

直到晚年，他的经营一直很顺利。只是默默地埋头苦干，没有学问，没有能耐，但是，正是这种埋头苦干给他带来了丰硕的成果。舅舅的形象铭刻在我儿时的心中。

拼命工作是一切生命都在承担的义务

我为什么强调要"拼命工作"呢，因为自然界存在的前提，就是一切生命都拼命地求生存。稍微有了点钱，公司刚有起色，就想偷懒，就想舒服，这种浅薄的想法也就是我们人类才有。在自然界里，其他生物绝不会有这样的想法。自然界中的动植物，它们都在竭尽全力、拼命地求生存。看到这些现象，我想，每时每刻认真、极其认真地努力工作，应该是我们做人最基本的、必要的条件。

大家知道，在夏天烈日炎炎之下，杂草会从柏油马路的裂缝中发芽生长。如果一星期干热不下雨，杂草就会干枯，就是在这样既缺水又缺土的地方，杂草却在发芽生长。在自然界中，即使在严酷的环境下，只要有种子飘落，就会在那里发芽，长叶，进行光合作用，然后开花、结果，结束它们短暂的一生。即使在石头墙的缝隙，只要有一点儿土壤，杂草就会发芽、开花。

我看过一个电视节目。在环境严酷、灼热难耐的沙漠里，一年也会下几场雨。有些植物趁着雨水，很快发芽、长叶、开花、结果，然后枯萎，生命过程只有短短的几周。它们在沙漠里顽强地生存，为了留下子孙，只要有一点雨水，它们就要开花、结果，把种子留在地表，以待来年下雨时再次发芽。尽管生命短暂，只有几周，它们照样拼命地生存并留下子孙。

无论植物还是动物，它们都在严酷的条件下顽强地生存。马虎懒惰、不负责任的动植物并不存在。遵照自然界的规律，我们人类在地球上生存，也必须认认真真、竭尽全力。

在创建京瓷公司的时候，我还不懂这些自然的哲理。虽然我不懂这些哲理，但我有一种危机感，如果不竭尽全力地工作，不拼命努力，公司的经营就不可能顺利。这样的危机感、恐惧心促使我拼命工作。现在回头看，这是非常正确的。不管经济如何萧条，不管环境如何严峻，我坚信，付出加倍的努力，是经营者乃至每个个人生存的最低条件。

我向许多人提问，"你是否在竭尽全力地工作？""是的，我在努力工作。"我对这样的回答并不满意，于是，我会接着问："你是否付出了不亚于任何人的努力？""你的工作方法是否不亚于任何人？"你自称是在努力工作，实际上你的努力还远远不够。如果你不更加认真、不更加努力，那么公司也好，个人的人生也好，都不会有理想的结果。我用"付出不亚于任何人的努力"这句话来表达这一层意思。

我认为，竭尽全力，付出不亚于任何人的努力，乃是这个世界上所有生物都要承担的、理所当然的义务，没有谁可以逃避这个义务。

只要喜欢你的工作，再努力也不觉得苦

拼命工作是一件辛苦的事情，辛苦的事情要一天天持续下去，必须有个条件，那就是让自己喜欢上现在所从事的工作。如果是自己喜欢的事，不管怎样努力都心甘情愿。如果你热爱甚至迷恋你的工作，尽管在外人看来，你是那样辛劳，那么不同寻常，但是，在你自己看来却很自然，因为你喜欢自己的工作。

从年轻的时候起，我就是这么想的，我努力让自己喜爱自己从事的工作。我的故事已和大家讲过多次，虽然我也是大学毕业生，但毕业后却求职无门，在老师的帮助下，好不容易才进了一家陶瓷公司。我对烧制陶瓷没有兴趣，我不喜欢这份工作。而且，公司每个月都不能按时发放工资，是一家拖欠员工工资的公司。因此，我也不喜欢这家公司。

但是，抱着满腹牢骚从事研究开发工作，工作根本无法顺利开展。因此，我决心让自己喜欢这项工作。因为，对于不喜欢的事，就不可能全身心投入，研究工作就做不好。

那个时候，我刚好情窦初开，我知道了"有缘千里'去'相会"这句话。在热恋情人的眼里，千里之遥不过是一箭之地。不管多么辛劳，去和心上人相会，千里等同一里，再远也不在话下，这就是"有缘千里'去'相会"。

凡事都如此，如果喜爱以致迷恋，不管怎样的辛苦都不再感到辛苦。因此，我就努力让自己喜爱自己的工作、喜爱自己的研究。

有机会从事自己喜爱的工作，当然很好，但大多数人没有这份幸运。一般都是为了生计而从事某项工作的。既然如此，就有必要付出努力，让自己喜爱自己所从事的工作。努力了，喜欢上了自己的工作，接下来就好办了。要做到"付出不亚于任何人的努力"，就变得很简单，"那样早出晚归，拼命工作，身体不要紧吧。"别人在为你担心，而你自己却一点不觉得苦，反而因为能胜任而感到充实。

据说成功有许多办法，但在我看来，抛弃"竭尽全力、拼命工作"这一条，就不可能有什么成功。特别在严峻的经营环境之下，加上可能的大萧条袭来，在不利条件下生存发展，"竭尽全力、拼命工作"这一条实在非常必要。

全力投入工作就会产生创意

竭尽全力、认真地专注于工作，还有一个功效：当你每天都聚精会神、全身心地投入工作时，低效的、漫不经心的现象就会消失。不管是谁，只要喜欢上自己的工作，只要进入拼命努力的状态，他就会考虑，如何把工作做得更好，就会寻思更好的、更有效的工作方法。

如果在拼命工作的同时又能思考如何改进工作，那么你的每一天都会充满创意。今天要比昨天好，明天要比今天好。这样不断地琢磨，反复思索，就会生出好想法，产生有益的启迪。

我并不认为自己有多大的能耐，但是，在每天努力工作的同时，我会开动脑筋，孜孜以求，推敲更好的工作方法，为了增加销售量，还有没有更好的促销方案呢？为了提高效率，还有没有更好的生产方式呢？这样不断钻研的结果，往往会出现自己都意想不到的进展。京瓷公司能不断地开发出新产品，开拓新市场，就是我们勤于思考、精益求精的结果。

不竭尽全力，不专心工作，就谈不上创造发明。马马虎虎、一知半解，吊儿郎当，在这些消极的状态下，即使你想寻找好的工作方法，创意也出不来。你不辞辛劳，拼命努力，殚精竭虑，苦思冥想，仍然一筹莫展，这时候，就会感动上天，上天就会垂怜你，给予你新的启示。

真挚、认真、不懈地努力，走投无路也不言放弃。上天看到我这么努力，这么执着，便不嫌我愚笨，慷慨赐予我新的智慧、新的灵感、新的启示。

我想，上天之所以赐予我原本没有的、了不起的想法和智慧，乃是一种福报，是我拼命努力的结果。

看看世界上那些伟大的发明家，那些开发出划时代的新产品、新技术的人们，我们就会发现，他们都付出了不亚于任何人的努力，他们在辛勤工作、苦苦思索中获得灵感。因懒惰获得成功，投机取巧带来发明创造，世界上没有这样的人。从这个事实看，我坚信，竭尽全力、付出不亚于任何人的努力，就一定会给我们的事业和人生带来丰厚的回报。

拼命工作可以磨炼灵魂

还有一点非常重要。

从早到晚辛勤劳作，就没有空闲。古话说"小人闲居为不善"，人这种动物，一旦有了闲暇，就会动不正经的念头，干不正经的事。但如果忙忙碌碌、专注于工作，就不会有非分之想，没有时间考虑多余的东西了。

禅宗的和尚和修验道[1]的修行者们，他们在刻苦修行的过程中磨炼自己的灵魂。将心思集中到一点，抑制杂念狂想，不给它们作祟的空间，通过这样的修行，整理自己的心绪，磨炼自己的心志，造就纯粹而优秀的人格。和这种修行过程一样，全身心地投入工作，就没空胡思乱想。这就是说，竭尽全力、拼命工作就能磨炼人的灵魂。

我对大家讲过，"磨炼灵魂，就会产生利他之心"，也就是说，会萌生出好心善意，萌生出关怀他人的慈悲之心。另外，我也反复告诉大家，只要抱有这样的好心肠，为社会、为他人着想，并落实在行动中，你的命运就一定会向好的方向转变。

---

[1]　夹杂有山岳信仰、道教、神道等成分的日本佛教宗派。

全神贯注于自己的工作，只要做到这一点，就可以磨炼自己的灵魂，铸就美好的心灵。有了美好的心灵，就会很自然地去想好事，做好事。虽然我们并不知晓自己被赋予了怎样的命运，但是，"想好事，做好事"这种念头与实践，会形成一种力量，促使我们的命运朝着更好的方向转变。

25 年前，在京瓷的规模还不大的时候，应大家的要求，我成立了盛和塾。迄今为止，伴随着京瓷和 KDDI 的持续发展，在竭尽全力、拼命工作的同时，我将自己在工作中的体验告诉大家，与大家分享。这种体验不是空洞的理论，而是经营的实学。我毫不隐瞒地告诉大家，我能传授给你们的最重要的东西不是别的，就是，"竭尽全力、拼命工作"这一条。

六项精进中的第一项，"付出不亚于任何人的努力"，就是"竭尽全力、拼命工作"，这对经营企业也好，对度过美好的人生也好，都是必不可少的。

第二项　要谦虚，不要骄傲

六项精进的第二项："要谦虚，不要骄傲"。

我认为，谦虚是最重要的人格要素。我们常说，那个人的人格很高尚，意思是说，那个人的人格中具备了谦虚的美德。

谦虚很重要。这并非只针对成功后骄傲自大的人，要他们谦虚，而是要求经营者在小企业成长为大企业的整个过程中，始终保持谦虚的态度。

年轻的时候，我知道了中国的一句古话，"惟谦受福"。不谦虚就不能得到幸福，能得到幸福的人都很谦虚。从京瓷公司还是中小企业的时候起，我就崇尚谦虚。公司经营顺利，规模扩大，人往往会翘尾巴，傲慢起来，但我总是告诫自己，绝对不能忘记"谦虚"二字。

"惟谦受福"是一句非常重要的格言，我下定决心，信守这句格言。在这个世界上，有些人用强硬的手段排挤别人，看上去也很成功，其实不然。真正的成功者，尽管胸怀火一般的热情，有斗志、有斗魂，但他们同时也是谦虚的人、谨慎的人。

谦虚的举止、谦虚的态度是人生中非常重要的品质。然而，就像我刚才讲过的那样，人们往往会在取得成功、地位上升之后忘记了谦虚，变得傲慢。这个时候，"要谦虚，不要骄傲"就变得更加重要。

第三项　要每天反省

六项精进的第三项："要每天反省"。

一天结束以后，回顾这一天，进行自我反省是非常重要的。比如，今天有没有让人感到不愉快？待人是否亲切？是否傲慢？有没有卑怯的举止？有没有自私的言行？回顾自己的一天，对照做人的准则，确认言行是否正确，完成这样的功课十分必要。

自己的言行中，如果有值得反省之处，哪怕只有一点点，也要改正。和第一项一样，天天反省也能磨炼灵魂、提升人格。为了获得美好的人生，通过每天的反省，磨炼自己的灵魂和心志是非常重要的。"竭尽全力、拼命工作",再加上"天天反省",我们的灵魂就会被净化,就会变得更美丽,更高尚。

我年轻的时候,有时也会态度傲慢。因此,我把要进行自我反省作为每天的必修课。很惭愧,我还做不到每天都反省,但一旦意识到,就马上反省。

所谓反省就是耕耘、整理心灵的庭院

上了年纪后,我读了詹姆斯·埃伦(James Allen)的《原因与结果法则》一书,不禁拍案叫绝,就是这个道理!所谓反省就是耕耘并整理自己的精神家园。这句话出自这位 20 世纪初期的英国哲学家之口,他并不出名。我曾多次向大家介绍,今天,在这里我再介绍一下。

人的心灵像庭院。
既可理智地耕耘,也可放任它荒芜,
无论是耕耘还是荒芜,庭院不会空白。
如果自己的庭院里没有播种美丽的花草,
那么无数杂草的种子必将飞落,
茂盛的杂草将占满你的庭院。

如果你不在自己心灵的庭院里播种美丽的花草，那里就将杂草丛生。就是说，如果你不会反省，你的内心将长满杂草。詹姆斯·埃伦就是这样说的。

接下来，他又写道：

出色的园艺师会翻耕庭院，除去杂草，
播种美丽的花草，不断培育。
同样，如果我们想要一个美好的人生，
我们就要翻耕自己心灵的庭院，将不纯的思想一扫而光，
然后栽上清澈的、正确的思想，
并将它们培育下去。

出色的园艺师翻耕庭院，除去杂草。同样，我们要翻耕自己心灵的庭院，就是通过每天反省，扫除心中的邪念。然后播种美丽的花草，这就是让清新、高尚的思想占领心灵的庭院。反省自己的邪恶之心，培育自己的善良之心。詹姆斯·埃伦就是这样表达的，他表达得非常确切。

接着，詹姆斯·埃伦又说道：

我们选择正确的思想，并让它在头脑里扎根，
我们就能升华为高尚的人。

我们选择错误的思想，并让它在头脑里扎根，

我们就会堕落为禽兽。

播种在心灵中的一切思想的种子，

只会生长出同类的东西，

或迟或早，它们必将开出行为之花，结出环境之果。

好思想结善果，坏思想结恶果。

心怀善意就会结出善果，心怀恶意就会结出恶果，他就是这样表述的。

因此，

请拔除自己心灵的杂草，

播种自己希望的、美丽的花草，

精心地浇灌，施肥，管理。

詹姆斯·埃伦如是说。

这里比喻的就是自我反省。通过反省，我们可以磨炼自己的心志，从而给我们带来无限的幸福。

抑制邪恶的自我，让善良的真我伸展

抑制自己的邪恶之心，让良心占领思想阵地，这个作业过程就是"反省"。所谓良心指的是"真我"，也就是利他之心，怜爱他人，同情他人，愿他人过得好。与此相反的是"自我"，指的是利己心，只要自己好，不管别人。无耻的贪婪之心就属于"自我"。

回顾今天一天，想想冒出了多少"自我"，抑制这种"自我"，让"真我"，也就是利他心活跃，这样的作业就是"反省"。

我喜爱印度诗人泰戈尔的一首诗。我已经向大家介绍过多次，在此，请允许我再读一遍。在人的心里，"自我"与"真我"同在，"自我"是邪恶、贪欲、利己。而高尚的利他心、美丽的慈悲心、温柔的同情心，就是"真我"。泰戈尔用精彩的诗句表达了这个观点。在我们每个人的心里，卑怯的自我和高尚的真我同居。泰戈尔写道：

我只身来到神的面前。
可是，那里已经站着另一个我。
那个暗黑中的我，究竟是谁呢？
为了避开他，
我躲进岔道，

六项精进

38

但是，我无法摆脱他。

他公然在大道上迈步，

卷起地面的沙尘，

我谦恭地私语，

他高声地复述。

他是我身上的卑微的小我，

就是自我。

主啊，他不知耻辱。

我却深感羞愧。

伴随这卑贱的小我，

我来到您的门前。

我拥有一颗善良、高尚、美丽的心灵，拥有真我、利他心。但是，在真我的旁边，与我形影不离的是卑贱、贪欲、利己的自我，他不知羞耻。本来，我想谦恭、低调地生活，可他却大声喧哗。我轻声地自言自语："那东西我想稍微要一点。"而他却高声吼叫："我就要得到它，快把它给我！"不知羞耻、贪欲贪婪、利己的自我一刻不停地纠缠我，我想逃脱他，他却揪住我不放。事情就是这样，这不足为奇，因为在我的心里，同居着这样一个卑贱的自我。

正因为如此，我们就有必要天天反省，对着邪恶、贪婪、卑贱的自我说："请稍微安静一些吧！""你也该知足了。"这样抑制自我，通过这样的反省，我们可以磨炼自己的灵魂，磨炼自己的心志。

我常说，提高心性就能拓展经营。想搞好经营，经营者必须提高自己的心性，也就是说，不磨炼自己的灵魂，就无法搞好经营。我经常和大家谈到这一点，我想和大家一起遵循这个原则。

第四项　活着，就要感谢

对一切都要说"谢谢"

六项精进的第四项："活着，就要感谢"。

"感谢"非常重要。我们要感谢周围的一切，这是理所当然的，因为我们不可能只身一人活在这世上。空气、水、食品，还有家庭成员、单位同事，还有社会，我们每个人都在周围环境的支持下才能生存。不，与其说是"生存"，不如说是"让我生存"。

这样想来，只要我们能健康地活着，就该自然而然地生出感谢之心，有了感谢之心，我们就能感受到人生的幸福。

我活着，不，让我有活着的机会，我当然要表示感谢，这样我就会感受到幸福。有了这样一颗能感受幸福的心，我就能活得更加滋润，让自己的人生更加丰富，我相信这一点。

不要牢骚满腹，对现状要无条件地表示感谢，在此之上，再朝着更高的目标努力奋斗。首先，就"让我活着"这一点，向神灵表示感谢，向自己周围的一切说一声"谢谢"。我们要在"道谢"声中度过自己的每一天。

"要抱着感谢之心！"这句话说来容易做来难。为此，我年轻时曾对自己说："就是违心说谎，你也要说一声谢谢！"当"谢谢"这句话一说出口，我的心情就变得轻松、变得开朗了。对别人由衷地说声"谢谢"，用语言将自己内心的感激之情表达出来，听的人也会心情舒畅，这样就会营造出一种和谐快乐的气氛。牢骚满腹、将周围的气氛搞得很郁闷、很尴尬，我想这会给自己和别人带来不幸。

不管多么微不足道的事，我们都要表示感谢，这是最优先、最重要的。"谢谢你""感谢您"，这样的话威力很大。它能将自己带进一个高尚的境界，也能给周围的人带来好心情。"谢谢"这个词是万能药。

在我上小学之前，那是战争时期，在家父出生的偏寂的山村深处，住着我的几位亲戚，他们偷着信佛。在日本明治时期，"废佛毁释"的政策使佛教受到了镇压，他们将佛龛和佛像藏在山里一家偏寂的房子的壁橱里。将信仰佛教活动保护且留传下来的，就是这些偷偷信佛的人。

家父带我去过那位亲戚的家，按照从前的传统，我们提着一盏灯笼，步履艰难地走在漆黑的山路上，最后，我们终于来到了深山里一间破旧的房子前面。进去一看，那里坐着一位僧人打扮的人，在念佛诵经。在他的身后，站着五个双手合十的孩子，他们都是小学生。

那位僧人对家父说："这孩子已经得到佛的认可，以后不用再来了。"说完后，他又面对着我，说："孩子，今生今世，只要你还活着，你就要念诵：'南曼、南曼，谢谢！'每天向佛表示感谢，绝对不能忘记呀。"

念佛时吟诵的"南无阿弥陀佛"，用鹿儿岛方言说就是"南曼、南曼"。

然后，那位僧人又对家父说道："如果这个孩子能照我的嘱咐去做，他的人生会很顺畅。"最后，他用眼神示意我们："你们可以回去了。"直到现在，对我来说，当时的情景依然历历在目。

我照着那位僧人的嘱咐去做，一直坚持到今天，从不间断。

现在，我皈依到禅宗的佛门之下，取得了僧人的资格。不过，禅宗里并不教大乘佛教里的"南无阿弥陀佛，谢谢"这样的内容，也不唱净土真宗的"南曼、南曼，谢谢"。但是，早晚两次，在家吟诵禅宗经书的时候，最后，我一定会说一声"南曼、南曼，谢谢"。现在依然如此。

这种感谢之心一直保持到今天，我想，正是这种虔诚的感谢之心造就了今天的我，造就了今天的京瓷公司。

日文中的"谢谢"一词的含义是，本来不可能有的事现在有了，奇迹发生了，对这样的幸运当然应该感谢。京瓷、KDDI，这些优秀的企业居然都成功了。这本来不是我这样的人所能办成的事，然而，不可能的事情竟然发生了。对此，我必须用"谢谢，真是太难得了"等词语来表达自己的感谢之意。

感谢的话语温暖大家的心

"谢谢"这个词能在你的周围制造出一种和谐的氛围。我想，在座的各位都有过这样的经验，在电车上给老人让座，那位老人会弯腰道谢，"谢谢，太感谢了！"这时，给他让座的我们自己也会感到心情愉悦。看到这样的情景，周围的人们也会感觉很舒坦，而不会感到别扭。善意传达到周围的人，善意还将循环下去。我想，如果这样的好事不断发生、这样的行为不断涌现，社会就会变得越来越美好。

因此，懂得感谢，对生活、对自己活着表示感谢非常重要。

请允许我偏离一下主题。

除了"谢谢"这个词，还有"不敢当、不胜感激"这样的说法。比如说，像我这样的人竟能有这样的好运，让我不敢当，这是一种自谦，对自己能得到如此高的待遇感到不安，不敢当。这种表达和"谢谢"这个词一样，都是表示感谢的一种说法。

很久以前，还有"不胜惶恐"这样的词语，或许是武士用语，现在已经很少用了，意思是受人恩惠，无以为报，感到诚惶诚恐。

最近，我听到有些外国人讲"不敢当、不胜感激"这些词，它反映了人们高尚的感性，应该推广。"就我这样很普通的人，居然得到这么大的幸福，太不敢当了"。表达这种情绪的"不敢当、不胜感激"确实是一个非常好的词语。

"谢谢""不敢当、不胜感激""不胜惶恐"这些词语，不仅让自己愉快，还给包括对方在内的周围的人们带来好的影响，真是佳词妙语。

第五项　积善行，思利他

积善之家有余庆

六项精进的第五项："积善行，思利他"。这一点我也曾多次向大家强调。

在我还年轻的时候，在讲解经营十二条之前，我就向大家提出，要多行善，多做对他人有益的事。中国有句古语，叫作"积善之家有余庆"，意思是，多行善，多做好事就会有好报。不仅当事人，就连家人、亲戚也有好报。一人行善，惠及全家以至亲朋好友，中国的先贤们想说的就是这个道理。

从很久以前开始，我就一直强调，世间存在因果报应的法则。我曾向大家介绍安冈正笃先生著的《命运和立命》，这本书对年轻的我产生了深刻的影响。书中说，在这个世界上，存在因果报应的法则，如果你多做好事、善事，那么家人、家族有好报不必说，这种好报还会贯穿你的一生。利他的行为，就是以亲切、同情、和善、慈悲之心去待人接物，这非常重要。因为，这种行为一定会给你带来莫大的幸运。

我相信这个法则，在经营企业的过程中，我努力实践这个法则。多做好事，就能使命运朝着好的方向转变，使自己的工作朝着好的方向转变，这是我的信念。

一味地积善，就是说，为他人、为社会竭尽全力，这是使人生，也是使经营朝着更好的方向转变的唯一方法。

同情并非只为他人

日本过去就有"情不为人"就是同情并非只为他人这种说法。意思是讲，对别人有情，为他人行善，日后必有好报。

另外，我也听过这样的事：真心帮助别人，结果反而自己倒霉。比如，为了帮朋友摆脱困境，去充当他的贷款连带责任保证人，本以为做了善事，想不到出了麻烦，以致连自己的财产也丧失殆尽。还有一种情况，朋友有困难开口借钱，你借给他了，他却迟迟不还，让你陷入困境。

"不是说善有善报吗？怎么我做了善事却得到了恶报？"有人这么说，我认为这种说法不对。

在那样的场合，感情用事，只凭同情，就慷慨解囊，或当他的连带责任保证人，这本身就是一个问题。我对大家讲过，作为经营判断的基准之一，有"大善"和"小善"之分。朋友手头紧，找上门求你帮忙，仅仅因为他来求你，你就同情他，不假思索就出钱相助，表面上看你是帮了他，实际上是害了他，使这位不负责任的朋友变得更不负责任。他之所以债台高筑，原因在于此人做事马虎，花钱大手大脚，缺乏计划性。如果你可怜他而借钱给他，反而会助长他那马虎和挥霍的坏习性。迁就朋友的不合理要求，这是"小善"，你关爱和同情他的方式不对，是帮他的倒忙，让他越陷越深。

俗话说："再爱孩子，也要让他经风雨、见世面。"乍看起来，这种对孩子的"大善"近乎无情。

朋友找上门来借钱，央求你做他的连带责任保证人，这时，首先你要问清楚事情的来龙去脉，要认真调查，如果是由于他做事不检点，乃至挥霍浪费才导致了今天的结果，那么你应该断然地拒绝他，明确告诉他，这个钱不能借，而且，你还要劝导他正视眼前的困难，接受教训，重新振作起来。

如果你唯唯诺诺、有求必应，借钱给他，或同意做他的连带责任保证人，这似乎也算一种"善行"，但它是"小善"，这种"小善"会把你牵连进去，弄得你狼狈不堪。在需要做出判断的时候，不能感情用事，判断的基准是"大善"还是"小善"，这才是问题的关键。

"与人为善，善有善报"，同情他人，为他人多做好事，结果必然利人也利己，这绝对错不了。我坚信这一点。

刚才讲到金钱借贷的问题，我在这里讲一件我亲身经历的事情。战争时期，有个人曾经给家父帮过大忙。有一天，这人的儿子来找我。那时，京瓷公司从一家中小企业开始有了起色。

他来到京都，对我说，他现在很困难，想从我这儿借钱。因为我听说过他父亲对我父亲有恩，于是就把钱借给他了。

但是，我既没有让他写借条，也没有问他的还款计划。我觉得，那人的性格不可靠，表面上，我是借钱给他，实际上，我是送钱给他，我压根儿没有打算让他还钱。后来，我也没有催促他还钱，一次也没有。而他呢，也从此没了回应，"没还钱，对不起"，连这样的电话也从没来过。但是，由于我一开始就不准备他还钱，我并没为此而烦恼。

到现在为止，别人向我借钱的事有过多次。因为年轻时我考虑过这样的事，所以，名义上是借，实际上是送，这种情况是有的。但是，以必须还钱为前提，我才肯借出，这种情形一次也没有。因此，做了好事没有好报、反而遭人背叛的事，在我身上一次都没有发生过。

有一次，公司里一位员工的父亲遇到了困难，他们父子俩一起深夜来到我家。那时，我刚四十出头。当时，我仔细地询问了事情的原委，最终断然拒绝了他们的请求。

"伯父，我把钱借给您是会害您的。我也许不了解您现在困难到哪个地步，但我还是不能答应您。伯父，您要挺身接受您现在面临的苦难，必须承担得住才行。"

另外，我也觉得自己有些冷酷，但是当时的决断没有错。那位员工现在已是京瓷的干部，从事海外业务方面的工作。他的父亲从那以后也重新振作了起来。他还对别人说，应该感谢我，多亏了那时我对他的帮助和鼓励。

为了让人生更幸福，为了让经营更出色，希望大家多行善事、多做对他人有益的事。

第六项　不要有感性的烦恼

忘掉失败，全力投入新的工作

六项精进的最后一项："不要有感性的烦恼"。因为我自己年轻时有过各种各样的烦恼，所以才会觉得这条也很重要。

担心、烦恼、失败等，是人生的常事。但是，覆水难收，总为曾经的失败而悔恨，毫无意义。老是闷闷不乐会引起心病，接下来会引发身体的毛病，最终给自己的人生带来不幸。不要让已经过去的事再困扰自己，心里要想新的事情，新的想法要转移到新的行动上去，这一点很重要。

要对过去的事进行深刻的反省，但不要因此在感情和感性的层面上伤害自己，从而加重自己的心理负担。要运用理性来思考问题，迅速地将精力集中到新的思考和新的行动中去。我认为，这样做就能开创人生的新局面。

工作失败，我们会很失望、很懊悔。但是，失望也好，懊悔也罢，失败了的事情都不可能从头再来。后悔、烦恼没有意义，这个道理即使明白，我们仍然会想那一点当初如果做好了就会如何如何，照样后悔，照样烦恼。这个毛病要改。

已经发生的事既然无法改变，就干脆把它忘掉，将全副精力投入新的工作，这是最要紧的。

比如，自己被卷进某个丑闻，遭遇道德和法律的追究，不但本人倒霉，还殃及自己的父母、兄弟姊妹和周围的人。发生这样的事，我们当然要深刻地反省，反省坏事产生的原因，然后从内心发誓，今后不再犯同样的错误，洗心革面，重新做人。这就行了，不要没完没了地折磨自己，长期活在名誉受损和失败的阴影里，意志消沉，这不好，没有必要。

因丑闻而名誉扫地，受到这种打击之后，有的人身心崩溃，以自杀了断。丑闻发生的原因，是过去自己犯下的罪，也就是有"业"在身。这种"业"现在作为结果，遭到了周围人的责难。这种时候，要充分反省，决不让同样的事再次发生。与此同时，我们反过来要激励自己，让遭遇重创、身心交瘁的自己重新站立起来，没有必要一蹶不振，老是和自己过不去。

不管怎样丢面子，都要拿出勇气正视现实，重整旗鼓。做了对不起家人、亲戚朋友，对不起公司的坏事，让自己脸上无光，在社会上抬不起头来，即使发生了这样的事，在经过认真反省以后，就要鼓足勇气，在跌倒的地方爬起来，不要心灰意冷，总是痛苦个没完。

担雪老师的话拯救了我

二十几年前发生的一件事，让我至今印象深刻。

陶瓷与人的细胞具有亲和性。人的细胞对金属会产生排斥反应。人的细胞可以在陶瓷表面上顺利繁殖，它不排斥陶瓷，却对金属敬而远之。

根据陶瓷的这种特性，在日本医学专家的支持配合下，我们用陶瓷材料成功地研制出人骨的替代品。最初是牙科移植用品，我们与医学专家们一起研究开发陶瓷牙根，并成功地付诸实践。此后，为腰关节损伤、不能行走的患者，我们又研发出了人工股关节，得到厚生省的认可并开始销售。使用陶瓷材料可以减少摩擦，人工股关节的使用效果获得了众多医学专家的好评，当时他们要求我们，接下来一定要研制出膝关节。

虽然制作膝关节的呼声很高，但销售必须经过厚生省的批准，为此，我们必须进行临床试验，然后将有关数据提交给厚生省。然而，医生们都认为，陶瓷股关节效果非常好，已经积累了几百个成功案例，同样，用陶瓷制作膝关节不会有任何问题，如有问题，医生可以负责，为了那些因为膝关节不好而痛苦的人们，请你们尽快开发出新产品。我们公司的技术人员认为，既然如此，我们就应该研制人工膝关节，提供给患者使用。

与人工股关节一样，膝关节的效果也非常好，订制人工膝关节的要求源源不断，正当我们依照客人的要求制作时，有人写新闻稿投诉，报章杂志纷纷登载："京瓷在没有得到厚生省批准的情况下，销售陶瓷膝关节赚钱。在人命关天的医疗领域，为做生意而销售未经许可的产品，这样的企业太缺德了。"

这不仅有伤我个人的体面，而且媒体连日把矛头指向京瓷公司，指责我们为赚大钱不惜以病人为诱饵。我们多次去厚生省说明解释，并认错道歉。每当此时，媒体的摄像机就摆开阵势，我低头道歉的样子连日出现在电视新闻之中。在家族、公司员工以及周围的人群中我抬不起头来，我的名誉、信用都受到了巨大的伤害。

我坐立不安，心里非常痛苦。那时，我想到了临济宗妙心寺派圆福寺的西片担雪老师。我想大家都知道的吧，前不久他刚刚过世。那天我去拜访他，喝着老师泡制的抹茶，我向他倾诉了自己的痛苦和委屈。

"稻盛君，你之所以会感受到这样的苦恼，那是因为你还活着。如果你死了，就没什么苦恼了。正因为活着才会有苦恼，这不是件好事吗？"

因为活着才会有苦恼，是这么个理儿，但是，他可是我非常敬仰的老师啊，这时候他这么讲，我觉得有些意外。现在回想起来，大概当时我也把自己的疑虑写在了脸上。

"稻盛君，虽然我不知道你过去积下了怎样的罪孽，但是，你积下的那些'业'以灾难的形式表现出来了。你现在倒霉，这是你过去犯下的罪孽所致，这是一种因果报应，当原因招致的结果发生时，原因也随之消失，就是'业'消失了。

"如果这种报应严重到要剥夺你的性命，那么，你的人生就算告一段落，但是，稻盛君，你不是还活得好好的吗？京瓷也还是一派繁荣景象。因为人工膝关节的问题，你受到了严厉的批判，你感到痛苦和烦恼，但是，这种程度的挫折就能把事情了结，就能将你过去的罪孽一笔勾销，稻盛君，该庆祝一番才对啊！来来来，煮点红豆饭把酒斟满，让我们一起干杯！"

当时我想，我如此苦闷，你却讲这些，未免不近人情。可是，回家以后，我觉醒了，老师的话救了我。如果这种程度的灾难就可以消"业"，就能勾销我的罪孽，那么，我甘愿接受世间的非难和指责。接受就是一种忏悔，这是为了清除自己身上的污垢所必需的，当我意识到这一点时，我的心境豁然开朗，浑身有了力量。

"灾难的发生，是自己过去犯下的罪孽的报应，如果没有殃及性命，到此为止，那反而是值得庆贺的事。"这样一想，摆脱烦恼，人就轻松了，可以将这事忘掉，转而在新的人生旅途上坚强地、满怀希望地走下去。

对挫折和灾难抱持上述正面的态度，才会有一个幸福的人生。我多次向大家讲过这些道理。

这个观点非常重要。估计今后经济的不景气将越发严重，销售货款无法回收，到手的支票不能兑现，等等，会发生各种纠纷或灾难。超越这些障碍，不让感性的烦恼困扰自己，朝前看，坚强地活下去，这才是最重要的。

"六项精进"这个话题我过去讲过。我年轻时给大家讲这个话题，是讲我当时的切身体验。现在老话重提，一是因为经济萧条正在向我们逼近；二是因为今天在场的，有很多是刚刚入塾的塾生。我觉得，重讲我年轻时讲过的内容，是很有意义的。

希望大家务必学习并实践这"六项精进"，使经营更出色，让人生更精彩。我的演讲就此结束，谢谢大家！

第二章 ／ 超越经济变动，实现企业持续发展

我是刚才承蒙介绍的稻盛和夫。[1]

今天，在中国有代表性的企业经营者面前有发言的机会，我感到十分荣幸。请允许我向赐予我这个机会的《中外管理》的杨沛霆总编表示衷心的感谢。

今天我演讲的题目是"超越经济变动，实现企业持续发展"。首先，请允许我做一下自我介绍。

创办京瓷

1932 年，我出生于日本西南部的鹿儿岛，大学的专业是应用化学，毕业后就职于日本古都京都的一家瓷瓶制造公司，当一名技术员。后来在几位友人的支持下，于 1959 年，也就是在我 27 岁的时候，我在京都创立了一家生产精密陶瓷零件的

[1] 本章由稻盛和夫先生于 2009 年 11 月 2 日在第十八届（北京）中外管理官产学恳谈会上的演讲汇编而成。

"京都陶瓷"公司。

虽然是白手起家，但我开发的精密陶瓷材料深受业界欢迎，京瓷也努力将这种材料应用于各种领域。

创立以来的 50 年里，京瓷充分利用精密陶瓷的特性，开发出了各色各样的产品，从各种精密陶瓷元器件到太阳能电池、医用材料，以至手机、打印机、复印机等终端产品，现已成长为日本具有代表性的高科技企业之一。

在中国，京瓷已经在上海、东莞和天津建立了制造基地，生产电子零部件、打印机、复印机和太阳能电池。

另外，在日本还有一家同样也是由我创办的 KDDI 公司，京瓷是其第一大股东，KDDI 从事长途电话和移动通信业务。KDDI 公司在通信行业的新准入企业中位居首位，现在已成为日本国内第二大通信运营商。

除此之外，京瓷还有宾馆以及从事计算机系统服务等的企业群。从材料到元器件、零部件，从机器设备的制造到通信、服务，像这样业务涉及整条产业链、业务领域又如此广泛的企业，我想在全球也是极为罕见的。

六项精进

2009 年 3 月，这些由我创建的企业集团的合并销售额达到约 4.6 万亿日元，利润约 5000 亿日元。

在日本中小、中坚企业中，有很多经营者想要学习我的经营思想。因此，自 1983 年起，我就义务传授我的经营哲学，并以"盛和塾"这种经营塾的形式在全日本展开。

"盛和塾"以日本国内为主，现在全世界已经发展到 60 家，塾生超过 5400 名。另外，在无锡设立了中国首家"盛和塾"，现在中国还有不少地方都希望学习我的经营哲学，应该怎样来回应这种要求，我们正在认真研究。

经济周期的影响

世界经济从 2008 年 9 月美国金融风暴爆发以后迅速恶化，因为波及实体经济，出现了整个世界同时萧条的局面。直到最近，经济才开始走出谷底，有所恢复。但是，美国的景气状况等各个方面仍有许多不稳定的因素，形势依然不容乐观。

在这种情势下，中国仍然宣布要达到"8％的经济增长率"，同时发表了高达4万亿元的经济刺激政策，在世界经济恢复的过程中站到了前列。但同扩大内需相比，因为出口还远未恢复，据说企业效益的增长不够理想。

由此看来，这次由美国金融机构破产引发的金融风暴，真所谓是"百年一遇"，超越了国界，给各国经济乃至企业经营造成了很大的影响。

然而，回顾过去的世界经济发展历程，变动起伏是反复出现的。大大小小、各式各样的景气与不景气总是交替产生，时而还会发生经济的大萧条、大地震，给企业经营造成很大的冲击。

比如，俯瞰我亲身经历的第二次世界大战后的日本经济，从战败后的谷底崛起，长达半个世纪，看起来似乎是持续成长发展，实际上，日本经济是在反复的经济变动过程中发展起来的。

在经济变动的波涛之中，日本企业荣枯盛衰的故事不胜枚举。有的企业被这种波涛冲垮，有的企业乘风破浪，在经济变动中获得飞跃发展。实际上，包括中小企业在内，因经济变动的旋涡所吞噬而倒闭的企业的数量更多。

翻开日本战后的产业史，呈现出的可谓是"尸骨累累"的景象。事实上，只有那些越过了累累尸山的企业，直到今天才能依然繁荣兴旺，发展势头不减。

释迦在形容人世时，曾用"诸行无常"一语道破。在变幻莫测的经济大潮中翻滚起伏的企业境遇之严酷，正如释迦所言。但是，变幻莫测正是人世的"命运"，今后也一样，无法预测的经济变动的波涛仍将不断地冲击企业。

这种时而袭来的经济变动，既然如"命运"一样无法回避，那么企业经营者应该如何思考、如何执掌经济之舵呢？我想结合我平时的思考，以及我实际应对经济变动的经验，来展开今天的话题。

首先，我想简要地回顾一下变化频繁的日本战后经济产业的历史。这对当今取得惊人的经济发展的中国来说，或许可供参考。

1945 年日本战败，全体国民团结一致着手经济的复兴。但是，当时的日本经济非常困难，国内的工厂、运输设备、基础设施大半损毁，同时海外的日本人大量归国，出现了通货膨胀和粮食危机。

当时的日本，除了拥有每一位国民面对废墟、向往富裕的愿望，几乎一无所有。但正是这种渴望富裕而催生的勤奋，成为日本从焦土中奋起的原动力。全体国民为追求富裕而拼命工作，他们汗水的结晶创造了日本经济的"世界奇迹"，带来了经济复兴的丰硕成果。

1960 年，日本政府发布了"国民收入倍增计划"，致力于大幅提高国民的生活水平。1964 年，日本举办了东京奥林匹克运动会，同时贯通日本东西的大动脉高速公路和高速铁路等社会基础设施快速建成。1970 年，大阪世博会开幕。

其间，电视机等家用电器迅速普及。当"家庭电器化时代"到来之际，20 世纪 60 年代，京瓷公司作为生产电视机显像管用陶瓷绝缘品的厂家，迎来了创业期。

作为日本经济高速增长的标志，由出口产业拉动，以年增长率9% 的速度持续发展。但进入 20 世纪 70 年代，快速增长的日本经济走到了转折的关头。

这就是 1971 年的所谓"尼克松冲击"。美国因为连年的贸易逆差而放弃了美元的固定汇率制度。在这之前的 20 多年里，汇率被人为控制在 1 美元兑 360 日元的水准上。习惯了这种汇率的日本出口产业不得不改变经营的方向。

努力削减成本以维持价格竞争力，那是理所当然的事，同时提高产品质量、开发独创性的产品，日本的产业结构被迫向高附加值的方向转变。

在这一过程中，很多企业被淘汰出局，但就整体而言，日本经济仍然持续增长，经常收支的盈利状况并没有改变。但不久后，日本经济又受到了石油危机的冲击。

因中东原油价格飞涨引发的石油危机，企业订单急剧减少、原材料成本迅速攀升，日本产业界一时陷入了巨大的混乱之中。但是众多日本企业通过拼命努力，最终克服了这次空前的经济危机。有关我处理石油危机时的经验，后面还要谈到。

克服了连续两次的石油危机，日本企业进一步提升了竞争能力，日本的贸易顺差继续扩大。由于日本出口大幅增加，使日美之间贸易失衡问题更加突出，从 20 世纪 70 年代后半期开始，日美贸易摩擦日益加剧。

在美国的强硬要求下，为修正贸易失衡，日本以钢铁、汽车为主，自行限制对美出口，同时采取降低关税等措施，促进从美国的进口。日美间的贸易摩擦虽然持续了很长时间，但后来日本企业采用在美国本土生产等方法，使这个问题逐步趋向缓解。

回头来看，伴随浮动汇率制度的实行而导致的日元升值，虽然对日本企业是一个很大的挑战，但同时也带来了进口成本和海外投资成本降低的好处。更重要的是，日元升值反而成了日本企业提升国际竞争力的契机，因为日本企业为了消化日元升值的压力，在企业合理化方面做出了巨大的努力。

其后，1985 年的"广场协议"使日元进一步升值。1995 年日元甚至创纪录地升至 1 美元兑 79 日元。"再绞拧已干了的毛巾！"许多日本企业彻底地提高效率，取得了更大的经营成果。

1995 年的超高日元汇率，对出口比例超过 40% 的京瓷来说也是一次严峻的考验。但全公司团结奋斗，彻底削减成本，虽然销售额一时有所降低，但利润率没有下降，一直保持在 20% 左右。

以"广场协议"后的日元升值为契机，资金开始从海外流入日本，同时为了救助因日元升值而陷于困境的出口产业，日本政府实行了宽松的金融政策。由于这些原因，自 20 世纪 80 年代后半期起，日本经济活动中，投机迅速升温，特别是对股票和土地的投资，不仅企业，连个人也都踊跃参与。

股票市场的平均股价仅仅 5 年就涨到之前的 3 倍，6 大城市的地价也在短短几年中飙升到之前的 3 倍。升值再升值，一时坊间甚至流传着"东京 23 个区的地价足以买下整个美国国土"这样的神话。

日本很多企业遵照金融机构的劝导，热衷于土地和股票的投机。但是我们京瓷公司决不依靠投机获利，我们一如既往，专注于事业经营，靠自己的辛勤劳动来获取利润。

缺乏实体经济增长的支撑，经济泡沫理所当然不久就破灭了。1990 年，日本财政当局抑制经济过热的政策一出台，立即成为导火线，股价、地价开始暴跌，不仅许多企业承受了巨额账外损失和负债，而且战后一直支撑日本经济发展的金融系统也开始摇摇欲坠，发出了崩裂的声响。

泡沫经济时期，以企业土地作抵押，银行借贷出了大量的资金。由于地价下跌，这些贷出的资金都变成了不良债权。银行因拥有大量不良债权而陷入经营危机。

截至 2002 年，日本的大型银行被迫处理了高达 88 万亿日元的庞大的不良债权。政府注入公共资金，银行处于维持惨淡经营的窘境。银行的困境导致了"惜贷",银行不愿给企业融资,这又引发了以中小企业为主的连锁性企业倒闭潮,其影响波及整个社会。

结果是,1997 年和 1998 年日本经济连续两年负增长,尔后又陷入长期低迷。因此 20 世纪 90 年代的日本经济被称为"失去的十年",日本经济进入了长期的严冬。

进入 21 世纪以后,大型银行对不良债权的处理基本完成,企业收益有所改善,日本经济迎来了恢复期。但 2001 年伴随美国 IT 泡沫的破裂,以电子工业为中心的日本产业界又遭受打击,许多企业利润大幅下滑。

日本经济的创伤眼看即将愈合之际,开头所讲的、这次因美国金融机构破产引发的世界性经济萧条,又袭击了日本企业,现在有很多日本企业依然在痛苦中挣扎。

综上,我就日本经济在战后 60 年中所走过的历程、所遭遇的经济变动做了概要的说明。

从容应对严峻的经营环境

企业周围的经济环境就是这样变动频繁。不管拥有多么好的独创性技术，不管拥有多么高的市场占有率，不管具备多么完善的经营管理体制，也无论自以为经营基础多么坚如磐石，在突然袭来的经济变动面前，企业仍然可能不堪一击。

在如此严峻的经营环境中，京瓷公司今年正好迎来了创业50周年，在这50年里，京瓷公司没出现过一次亏损。许多企业，何止是亏损，甚至濒临倒闭，或以解雇员工勉强维持生存。翻阅波澜万丈的历史，京瓷公司经历半个世纪而能持续成长，这是十分罕见的。

看到京瓷公司迄今走过的历程，也有人认为"那不过是京瓷的产品和事业碰巧赶上了潮流，那只是幸运"。但是我认为绝非如此，幸运要持续半个世纪之久，那是不可能的。

反复袭来的经济变动把许多企业淘汰出局，而一个企业在长达50年的历程中，不仅能够持续生存，而且能够年年岁岁不断成长发展，其中肯定存在必然性的原因，那就是指引企业持续成长的"经营的真谛"。

但是，指导企业长盛不衰的"经营的真谛"决不是什么复杂难懂的道理。首先，重要的是经营者的态度。这种态度就是所谓"慎重坚实的经营"，我认为这极为单纯。

当然在激烈的市场竞争中，为了保护员工，为了企业的生存，经营者决不能示弱，要有坚定好胜的性格和积极果断的行动。但是为了企业的长期繁荣，经营者无论如何都要小心谨慎，要保持"如履薄冰、如临深渊"的心境。

我想回顾一下京瓷公司创业初期的情景。

创业第一年销售额约 3000 万日元，利润约 300 万日元。既没有经营经验又没有经营知识，刚刚着手经营，当得知第一年结算就实现 10% 的利润率，做出 300 万日元的利润时，当时我特别兴奋。那种心情至今记忆犹新。

为什么会那么高兴，因为可以有钱归还借款了。

公司创业之初，有一位信任我的资助者，用自家房产作抵押，从银行贷款 1000 万日元，作为京瓷的创业资金。"与我无亲无故的朋友居然用这种方式来帮助我。决不能让他蒙受损失，必须尽早归还贷款。"这个念头时时催逼着我。

还有一点是我自己与生俱来的性格。我的父亲十分忌讳向人借钱。第二次世界大战前我还幼小的时候，父亲经营家庭印刷厂，有很大的印刷机器，还雇用了员工，在乡下也属于成功者的行列。

但是在第二次世界大战的空袭中，家屋和工厂都被炸毁，一时间，父亲茫然不知所措。战后，父亲已经完全没有了重建印刷厂的念头，不管亲朋好友怎样催促，他都毫不动心："在这种通货膨胀时期，借钱背债务，让 7 个孩子没饭吃，那可不行！"

或许是继承了父亲稳重小心的性格吧，我对借钱负债抱有极端的恐惧心理。

基于上述原因，加上技术员出身，我没有经营的知识和经验，当时甚至连税金的概念也没有。所以当我得知第一年就有 300 万日元的利润时，我就十分开心："如果有 300 万日元的利润，那么 1000 万日元的贷款 3 年就能还清。"

但是理所当然，支付了税金以后就只剩下大约一半，也就是 150 万日元，再支付股东分红和董事报酬之后就只剩 100 万日元了。这样的话，归还 1000 万日元的贷款不是要花 10 年的时间吗？

用的是经过改进的二手设备，到时总要有新设备投资吧，但仅仅归还创业贷款就要花 10 年的时间，新设备投资就指望不上。我对此感到非常惶恐。

我向那位资助者请教："如果这样，公司不可能发展壮大。花 10 年时间还清银行贷款时，现有的制造设备已经老化。不！如果考虑到技术的进步，现有设备不可能用上 10 年。公司将向何处去，我完全不得而知。"

于是，那位资助者笑着对我说："你说什么呢？因为你拼命努力，第一年就有了 10% 的利润，非常了不起。虽然融资 1000 万日元，但是在支付了银行利息后还能有 10% 的利润，说明这项事业大有希望。如果估计销售额还将增长，就应该继续接受银行贷款，积极进行设备投资。"

我答道："那不是要增加贷款了吗？"他说："这就叫事业。"但是我仍然回答说："借了 1000 万日元，给您添了这么大的麻烦，我已经很不安，再要贷款我非常惶恐，实在做不到。"

这位资助者说："你是优秀的工程师，却成不了优秀的经营者。只强调归还贷款，那样公司就不能发展壮大。大凡企业家都会从别处筹措资金，进行设备投资以发展壮大企业。只要能偿还利息，提取折旧，贷款投资设备既不丢人，也不是坏事。"

但是，当时我既没有经营经验也缺乏常识，只能按照自己内心的希望，发誓不再增加贷款，而将还贷作为要务放在首位。

这时我突然意识到："利润率 10% 的情况下，在支付了税金、奖金、分红以后，手头只剩下 100 万日元，这样偿还贷款就要 10 年。那么，将上述各项全部扣除后，再能剩下 300 万日元纯利的话，不就行了吗？那样只需 3 年就能还清贷款。就是说，不满足于第一年 10% 的利润率，而设定更高的利润率目标开展经营就行。"

这一认识成了京瓷公司高收益经营的起点。公司创立不久，就立志要成为高收益企业，并不是因为我是野心家，也不是因为我有贪欲之心，而是出于我谨慎小心的性格、坚持"慎重坚实经营"的缘故。

在这种慎重经营的态度下，我平时又用心做到"销售最大化、费用最小化"，此后利润率有时甚至超过了 40%，由此京瓷公司成了日本具有代表性的高收益企业。同时将取得的利润作为企业留存收益不断积累，由此京瓷公司成了日本有代表性的、值得自豪的财务体质优良的无贷款企业。

这里的要点是：以谨慎的态度经营企业，打造高收益体质的企业，形成值得自豪的财务体质优良的企业。这就是京瓷公司克服多次经济变动、顺利发展至今的原动力。

就是说，高收益可以降低企业的盈亏平衡点。高收益是一种"抵抗力"，使企业在萧条的形势中照样能站稳脚跟，也就是说企业即使因萧条而销售额下降，也不至于陷入亏损。同时，高收益又是一种"持久力"，高收益企业有多年积累的、丰厚的留存收益，即使萧条期很长，企业长期没有盈利，也依然承受得住。另外，因为经济萧条期购买设备比平时便宜许多，此时可以下决心用多余的资金进行设备投资，使企业获得再次飞跃的动力。

在日常的经营中，采取慎重的经营态度，尽力打造高收益体质，这不仅是预防萧条最重要的策略，而且是应对萧条的最佳处方。

从这个意义上讲，我在公司内外总是强调"没有 10% 的销售利润率，就算不上真正的经营"。

萧条出现，首先是客户的订单减少，对制造业来讲，就是没有活干，可卖的产品减少，由此销售额下降，比如本来卖 100 个的现在只能卖 90 个，利润当然会减少。

这时，因为平时有 10% 的利润率，即使销售额下降 10%，照样可以盈利，不！即使销售额下滑两成，企业仍然可以保证有一定的利润。只有当销售额下降 30％ 或 40％ 时，才可能出现赤字。

因为利润率高意味着固定费用低，销售额多少降一些，利润只是减少而已。如果企业利润率达到 20％ 或 30％，即使销售额下降一半，企业仍可盈利。

也就是说，一家高收益的企业即使遭遇萧条，销售额大幅下降，仍然可以保持一定的利润。这意味着企业的基础非常稳固。

事实上，在京瓷公司 50 年的发展历史中，前面已经讲到，我们虽经历过因萧条而销售额大幅下降的情况，但从来没有出现过一次亏损。

1973 年 10 月第一次石油危机冲击全世界，受其影响，世界性的萧条波及京瓷公司，1974 年 1 月，京瓷公司的订单每月有 27 亿日元，但到了同年 7 月，降至不足 3 亿日元，可以说是骤减。

也就是说，仅仅半年之内，订单就降到了 1/10，尽管遭遇如此急剧的景气变动，这一年京瓷公司依然没有亏损。

因为京瓷公司具有独创性技术，能批量制造当时谁也做不了的精密陶瓷产品，而且平时又贯彻"销售最大化、费用最小化"的经营原则，利润率超过了值得自豪的30%。

形成高收益体质的企业还可以对保证员工的就业做出贡献。

在石油危机引发大萧条的时候，连日本的一些大企业也纷纷停产，解雇员工，或让员工歇业待岗。此时，京瓷公司在保证所有员工正常就业的同时，仍然确保产生利润。

同时通过高收益获得的利润作为企业留存收益不断积累。纵使因经济萧条而转为赤字，在相当长的时间内，即使不向银行借款，不解雇员工，企业照样挺得住。

之所以能够不断积累企业留存收益，是因为我本来就属于谨慎小心又爱操心的那一类人。"一旦遭遇萧条该怎么办呢？"我一直忐忑不安，也正因如此，我经营企业就格外努力，所以，即使处于石油危机的旋涡中心，在公司的安全性方面我仍有足够的自信。

经济不景气，员工的信心就会动摇。当时的我充满自信，这样说道：

"请大家不要担心，即使优秀的企业也因不景气接连破产，然而我们京瓷公司仍然可以生存，哪怕两年、三年销售额为零，员工们照样有饭吃，因为我们积累了足够的储备。所以大家不必惊慌，让我们沉着应战，继续努力工作。"

我用这些话来稳定军心，这些话语既不是谎言也没有夸张，事实上，当时京瓷公司确实有足够的资金。

京瓷公司从创业一直到今天，持续这种脚踏实地的经营，现在京瓷公司随时可以使用的现金约有 4700 亿日元、股票等资产约有 3700 亿日元作为留存收益，合计约有 8400 亿日元的储备，不管遭遇怎样的萧条都不会很快动摇京瓷公司经营的根基。

但是近年来，有人对我主张的慎重坚实的经营方针提出了异议，他们看重股东权益报酬率，又称净资产收益率，即所谓 ROE。

以美国为中心的投资家们认为我上述的经营方针是不正常的。

ROE 就是相对于自有资本能产生多少利润，在重视 ROE 的投资家看来，不管你有多么高的销售利润率，你只是把赚到的钱储存起来，用这么多的自有资金却只能产生这么低的利润，他们因此就判断为投资效率差。

受他们的影响，不少经营者也开始认为"必须提高 ROE"。因此，将辛苦积攒起来的留存收益拿去并购企业，购买设备或购买本公司股票，消耗掉留存收益。将自有资金缩水，去追求短期利润最大化，这样 ROE 会达到较高的标值。在美国式资本主义世界，这样的经营被评价为优秀。

京瓷公司的经营高层在美国、欧洲开投资说明会，总会听到这样的意见："京瓷公司的自有资本比例实在太高，而 ROE 太低，存这么多钱干什么呢，应该去投资，应该去并购企业，应该勇于挑战，好赚更多的钱，给股东更多的回报，这是我们投资家的要求。"

听到经营干部们的汇报，我就说："完全不必按那些投资家的意见去办。"

当"ROE 高的企业就是好企业"这种观点成为常识的时候，我的意见似乎就是谬论。但是，这种所谓常识，归根结底，不过是短期内衡量企业的尺度。

现在买进股票，待升值时抛出，这样就能轻松赚钱。对于这样思考问题的人来说，当然 ROE 越高越好，但我们要考虑的是企业长期的繁荣，对我们来说，稳定比什么都重要，企业应该有足够的储备，才能承受得起任何萧条的冲击。

就这样，我从很早开始就坚持以慎重的态度执掌经营之舵。结果就把高收益经营作为目标，并不断积累企业留存收益。我坚信，这样做就能预防萧条，克服经济变动带来的困难，引导企业走向长期繁荣。

贷款应该尽早归还银行，打造高收益体质的企业，这样努力的结果，不仅实现了无贷款经营，而且因不断积累留存收益，又建立了极其健全的财务体质。至于设备投资，没有回收的把握就绝不进行。半个世纪以来，我固执地坚持了这种慎重经营的态度。

"这样去经营，企业不可能发展壮大。"周围的人总是这么说。但是，正因为坚持了慎重经营的态度，在众多企业被淘汰的风浪中，京瓷公司却能应对多次经济变动，持续了长达半个世纪的稳定发展。

经营还需要哲学

当然，并不是说只要有慎重经营的态度这一点就够了。在经营企业的过程中，我会获得各种各样的启示，我每次都会把这样的心得记在本子上，而且一有机会，就向公司内外的人们解释。

我将自己思考的有关经营的原理原则称为"哲学"。其中有"重视独创性""成为开拓者"等许多提倡积极果断地向新事物发起挑战的重要内容。

同时，作为实现新目标的方法，我又提出"怀有渗透到潜意识的强烈而持久的愿望""不断付出不亚于任何人的努力""明天胜过今天、后天胜过明天，反复钻研创新"等原则。

再进一步，要想在企业间激烈的竞争中取胜，要不断实现经营高目标，我又提出经营者必须具备像格斗士那样"燃烧的斗魂"和洞穿岩石般"坚强的意志"。

除了经营哲学，我还谈到了经营者必须掌握的具体的经营管理手法，包括要精通实用的企业会计，要在企业内部建立管理会计的体制等。

但是，作为经营者，我认为这些经营思想和经营管理体制的基础，归根结底还在于经营者必须具备慎重坚实的经营态度，必须构筑绝对安全的经营基盘。

回顾半个世纪走过的历程，我强烈而深切地感觉到，正是有了上述的经营态度和思想，才有了我们企业的今天。为了确保企业长期持续地发展，近来我强烈地感觉到，还有一条极其重要。

这就是经营者不能只顾自己个人的私利，不能只顾满足自己的欲望，而必须考虑员工、客户、交易对象、企业所在社区等，必须和与企业相关的一切利益相关者和谐相处，必须以关爱之心、利他之心经营企业。

为什么？因为近年来我们看到，很多企业之所以破产，并不是因为外界的经济变动，即"他律性"的原因，而是经营者自身的素质，即"自律性"的原因，是经营者"自毁长城"。

我们还记得，2001 年美国的安然公司、世界通信公司，以及最近的雷曼兄弟公司等，攫取巨额报酬的经营者的贪婪成了企业破产最根本的原因。我认为这么说并不过分。

2008 年 9 月美国投资银行雷曼兄弟破产，并由此引发金融风暴，该公司首席执行官理查德·福尔德，在 2000 年后的任期中获得 3.5 亿美元的巨额报酬。

另一家美国大型投资银行美林证券，因次贷危机遭受巨大损失，被美国银行收购，它的首席执行官斯坦利·奥尼尔引咎辞职时的退职金高达 1.6 亿美元。

企业利润不只是经营者和经营干部，而且是企业全体员工共同努力和协作所取得的成果，这种成果却被认为是企业领导者一个人的功劳。一人独享高额报酬，这是极不合理的。经营者的这种贪婪引发企业内部的不和谐，进而成为企业破产的原因。

这种因为忘却谦虚、一味利己而导致企业破产的事例，不只发生在美国，古往今来，国内国外不胜枚举。

比如某位经营者有才能，很努力，把一家销售额不足 1 亿日元的小企业，逐步发展到销售额 100 亿日元的中坚企业。如果这位经营者不知满足，一味追求个人利益，追求更加奢侈的生活，傲慢不逊，那么他终将走向灭亡。

看一看第二次世界大战以后日本的企业经营史，那些才华横溢的企业家们创建了公司，历经千辛万苦，好不容易构筑了出色的企业，最后却因为自身的变质，使企业走向衰亡，也玷污了自己的晚节，这样的事情司空见惯。

这些企业经营者历尽辛酸、艰苦创业时，他们都加倍勤奋，质朴谦逊，但一旦功成名就，就开始无节制地追求金钱、名誉，骄傲自大，不久便走向没落。

人往往对自身的蜕变不易觉察。那些一攫千金的美国金融机构的高管们，最初也未必是贪得无厌之人，但因为缺乏明确的哲学，随着环境的改变，他们自己也堕落变质了。

必须竭力排斥自以为是、动不动就"我呀我"的利己的欲望，必须让为员工、为客户、为社会、愿他人好这种关爱之心、利他之心占据自己的心灵。

在这种美好、善良的心灵之上，加上拼命努力，那么，"要把企业做大""要更好地拓展事业"这样的愿望不仅能够实现，而且能与员工、客户、交易对象、股东、企业所在社区等，即与企业的一切利益相关者协调和谐，企业就能持续繁荣，经久不衰。

对于这一点，我自己有切身的体验。我举 KDDI 的例子，这是一开头就讲到的、继京瓷公司之后我经营的另一家公司。

20 世纪 80 年代中期之前，在日本电信市场上，国营通信企业电电公社一直处于垄断地位，通信费用与各国水准相比高得离谱。信息社会即将到来，而世界第一昂贵的通信费用是一大障碍，民众感到困扰，正当我为此担心时，政府的方针发生了变化，一方面要将电电公社民营化，另一方面允许有新的企业介入通信事业。

电电公社民营化后成为 NTT，再有新企业介入，只要展开正当的竞争，通信费用一定会降低。我希望有优秀的企业早日报名参与。

但是，作为官办企业运行的 NTT 实在太强大了。其他企业全都按兵不动，毕竟与 NTT 对抗风险巨大，大家都裹足不前，不肯举手。

如果没有新企业介入，NTT 垄断的体制就将继续，通信费用就不会下降。虽然对于通信事业，我几乎一无所知，但经过深思熟虑，我决定以京瓷公司为核心，创建第二电电，介入通信事业。

当时的京瓷公司，不过是销售额 2500 亿日元的地方性中坚企业，这样的企业居然表示要到首都东京去参与国家级规模的工程，有人讽刺我"不自量力"。但是我认为这样做是"为社会、为世人"所必需的，我欲罢不能，毅然报名参与。

其实，在我正式报名前的 6 个月里，每晚临睡前，我都反复地自问自答。

"你创立第二电电公司、参与通信事业，你的动机是善的吗？其中没有夹杂私心吗？你不是想出风头吧？不是想赚钱吧？"

这些问题再加进"动机至善、私心了无"这句话，我在长达6 个月的时间里，不断严厉地逼问自己。回家时不管多么疲倦，即使宴会饮酒后回到家，一晚都不缺，我反复不断地扪心自问。

半年自问自答的结果，我最终认定："我的动机纯粹，没有任何私心。日本即将迎来信息社会，要降低国民负担的通信费用，仅此一心而已。"这样，我才正式举手报名。

随后，紧跟京瓷公司，以当时的国铁为中心的日本TERECOM 公司也举手参与。国铁本来就有铁路通信的组织，要建设长途通信干线，只要沿铁路干线一侧铺设光缆，很简单就能完成。

还有一家，以当时的建设厅和道路公团为中心的企业集团也报名参加。它们也只要顺着高速公路沿线铺设光缆，就可以很容易地完成长途通信的基础设施。他们打出"日本高速通信公司"的旗号。

与它们相比，第二电电没有任何基础设施。我们之所以举手，依凭的仅仅是纯粹的动机。第二电电不得已只能构筑无线通信网络，在一个接一个的山峰上架设抛物面天线，用无线中转来建设通信干线。

当其他两家公司分别沿铁路干线和高速公路铺设光缆的时候，我们第二电电的员工们饱含热泪、拼命工作，在没有道路的山顶上设置大型抛物面天线、构建通信网络。

当时的报章杂志大肆宣传"胜负已定"，他们预测第二电电很快就将败下阵来。但是，当通信服务揭开序幕，以前评价最低的第二电电成绩名列榜首。

其原因无非是，"为民众降低通信费用"这一设立公司的大义名分，不仅引起了干部、员工内心的共鸣，促使他们忘我工作；而且这种大义名分获得了客户、交易对象、代理店以及当时日本社会一致的认同和支持。

现在，当初的通信事业新准入企业中，只剩第二电电化身

KDDI 继续存在，销售额高达 3.5 万亿日元、利润高达 4400 亿日元，成为令人自豪的日本第二位的通信运营商。而且前途无量，兴旺发达，正在继续成长。

有完备的基础设施，有优秀的专业干部，还有充裕的资金，条件优越的大企业，连它们也觉得"太难"、犹豫不决而不敢贸然介入的事业，什么条件都不具备的京瓷公司，把"为社会、为世人"这种纯粹的动机提升到"信念"的高度，果断参与。而且许多人都认为"京瓷公司很快会失败"，在议论纷纷声中，京瓷公司获得了成功。我认为这个事实揭示了一个非常重要的"真理"。

这个真理就是，在纯粹、高尚的思想里蕴藏着巨大的力量。活跃在 20 世纪初期的英国哲学家詹姆斯·埃伦这样说："心地肮脏的人因为害怕失败而不敢涉足的领域，心灵纯洁的人随意踏入就轻易获胜，这样的事例并不鲜见。原因是，心灵纯洁的人总是气定神闲，他们总是以更为明确、更强有力的目的意识，来引导自己能量发挥的方向。"

阅读詹姆斯·埃伦这段话，回顾第二电电创业至今的路程，我深深地感到，正是基于这种纯粹的思想，京瓷公司才会成功，才能持续地繁荣兴旺。

人、财、物各种经营资源齐备，被认为必定成功的企业消失了，而只把"为社会、为世人"这种纯粹的动机作为最大经营资源的第二电电幸存下来，在变幻莫测的通信领域，从创业开始经历四分之一个世纪，依然继续成长。我认为，这里就存在指引企业持续繁荣、最重要的"经营的真谛"。

其实，利他是最强有力的。让对方高兴，与人为善，这样的行为最终一定会带来成功。这是这个世界俨然存在的真理。为什么会产生这样的结果？因为利他的行为会让我们获得超越自己的伟大力量。

让对方生存、帮助对方、为对方好，如能具备这种美好的关爱之心、利他之心，一种超越自己的伟大力量就会自然地添加进来。自己想"如能这样该多好啊"，但结果却比你想象的更好。并且，它会赋予你了不起的智慧，帮助你克服无法预测的、突如其来的经济变动，好像成功从对面向你走来一样。

其实，这样的真理，中国的思想家们自古以来就教导过我们。《易经》里有句话叫"积善之家必有余庆"，就是说积德行善之家，世世代代都能获得幸福。另外，《尚书》上说"满招损，谦受益"，就是说骄傲的人会蒙受损失，谦虚的人将获得利益。

我认为,这样的教诲,决不是陈腐的所谓"故事格言",而是昭示正确处世态度的"真理",也是我们日常生活中必须遵循的"规范",而且,这也正是引导企业走向成功并使成功长期持续的"哲学"。

希望这个会场在座的各位也要竭力排斥"只要自己好就行"的利己之心,在关爱心、慈悲心、利他心的基础之上努力奋斗,要让员工、客户、交易对象、社区,就是让企业周围所有的人获得幸福、过得富裕,抱着这样的信念去经营企业,勇往直前。

这样的经营就可以引导企业不断发展壮大。相反,忘记这些道理,企业经营者只顾满足自己的私利私欲,就必将招致员工的叛离,失去客户、交易对象的支持,还会受到社会的责难,结局就是企业遭到淘汰。

环境不以我们自己的主观愿望为转移,在企业今后的经营过程中,我们还会遭遇各式各样的经济变动。好像在狂风暴雨而又漆黑一团的大海中航行一样,环境极为严酷。不过,就是在这样险恶的环境中,我们经营者肩负着必须把好经营之舵、把企业引向正确道路的重大使命。

我认为,这时候,成为指南针的,就是站在企业经营第一线的经营者的哲学、思维方式。经营者不断提升自己的心性，用正确的哲学、正确的思维方式从事企业经营，就能够避免判断失误，将企业引上不断发展成长的光明大道。

从这个意义出发，我最早的著作就曾使用"提升心性，拓展经营"这一书名。这也是前面提到的"盛和塾"的信条。依据这一信条，现在有 5000 余名盛和塾塾生通过学习我的经营哲学，不断地提升企业的业绩。现在这些塾生企业的销售额合计，据说已达到 24 万亿日元。

齐聚于"中外管理官产学恳谈会"的中国有代表性的经营者们，我衷心祈望，你们在注意"慎重坚实经营"的同时，一定要努力"提升心性"，克服各种经济变动，不断"拓展经营"，成为增长中的中国经济的火车头。

今天，我从粗浅的经验出发，以"超越经济变动，实现企业持续发展"为题，讲了上面这些话。在座的各位担负着"经济大国"中国的未来，希望我的话能对大家有所启迪。我的演讲到此结束。

谢谢大家静听。

第三章 ／ 忍受萧条，伺机出手

佐藤吉哉：在空前的、百年一遇的金融风暴中，在世界性的经济萧条中，在这混沌的、前景难测的时代，企业家应该怎么办，应该如何带领员工走出困境？代表日本的哲人企业家、京瓷名誉会长稻盛和夫，与时任中国最大的网络集团企业总裁、阿里巴巴董事长兼CEO马云，就企业家应对危机应有的心态、以人为本的经营等本质性的话题展开了对话。[1]

稻盛和夫：当下这场金融危机，我认为是自然或是神对人类的惩戒，他们要求人类进行猛烈的反省。"希望更加富裕、更加便利"——人类的这种欲望推动了科学技术的发展，构筑了近代的文明社会。然而这种欲望的膨胀会带来什么结果呢？"月盈则亏"，这是天理。欲望过分膨胀，太满就会亏，这是天经地义的事。为了向人类证明这个真理，危机降临了。

今天的危机教育我们应该懂得"知足"，应该学会谦虚，当今的社会现象提醒我们，企业家在经营企业的过程中必须始终保持谦虚谨慎的态度。

---

[1] 本章由稻盛和夫先生、马云先生接受日经 BP 总编辑佐藤吉哉主持的对话汇编而成，发表于《日经 Business》（2008 年 11 月 10 日号 98 ~ 103 页）。

马　　云：我与稻盛先生的想法不谋而合。从 2007 年开始我就有一种感觉：人很容易健忘。人们经历了 1997—1998 年的亚洲金融风暴、经历了 2001—2002 年的网络泡沫的破裂，但到了 2007 年这个时候，这样的教训人们已经遗忘殆尽。我周围许多人的话题尽是"钱赚了多少倍，投资股票获了多少利"等，我对这种反常的状况抱有强烈的危机感，我从去年年底就告诫我的员工"严冬就要来临""要为过冬做好储备"。

稻盛和夫：马先生向全体员工发出一份电子邮件，题为"冬天的使命"。我有幸拜读了这篇文章。这篇文章不仅向员工们敲响了警钟，告诉大家"冬天要来了"，而且要求大家做好思想准备，并谈到了应对的方法，我认为非常了不起。

马　　云：人在本质上具备善、恶两个侧面，人总会追求灵魂的纯洁与善良，但恶的一面又会时时冒出。正如稻盛先生所言，自私的欲望使人疯狂。

今天的世界正直面空前巨大的、百年一遇的金融风暴，但是，越是面临危机，企业家越应该冷静，我认为这一点很重要，因为真正优秀的企业就应该将危机变成机会。我 2008 年 44 岁，有幸经历了这次百年一遇的危机，我想，与其说这是灾难，不如说作为经营者，我们获得了测试自身实力的一次难得的机会，对待危机应该有这样乐观的思考。经过往后几年的努力，度过了严酷的冬天，我相信阿里巴巴将会有更大的、飞跃性的发展。

关键在于平时的"储备"

稻盛和夫：凡是优秀的企业，都会把萧条看作再次成长的机会，把萧条当作一种考验，全体员工团结一致、共同奋斗。京瓷创办 50 年来，我就用这种思想经营企业。

刚才讲到了"谦虚经营"。还有一点很关键，那就是"储备"，比如企业储备了多少现金。企业能够承受多长时间、多么严重的萧条的打击，在萧条中有无实力抓住新的机会，重要的就是看有无足够的"储备"。

然而，现代资本主义的中心、美国华尔街的先生们却不喜欢我的经营思想，因为我储备了大量的现金和存款。（笑）他们认为企业拥有大量的现金对股东而言并非好事，他们希望以钱生钱，让金钱更多地获利。他们看重 ROE，就是相对于自有资金而言产生了多少利润。用这个指标来考核，就要减少现金存款、减少自有资本，以此提高股东的收益率。

但是，企业过于"瘦身"就无力承受危机，没有储备也无法抓住再发展的机会。要把萧条、把危机变成机会，就必须在平时不断增加储备，经营企业应该脚踏实地。

马　　云：同投资家打交道也不是我的强项。阿里巴巴自创业以来一直贯彻"客户第一、员工第二、股东第三"的经营原则。

作为企业家，我们必须看到客户和股东不注意的事物，看到别人看不见的东西。我平时经常考虑的是，有什么灾难可能降临，什么东西可能会击垮我们。

同时在经济景气时注重储备，在经济不好时进行投资，而要做到这一点确实需要有丰厚的现金储备。

中国有句话叫"阳光底下修屋顶"，就是说屋顶必须在晴天认真修好，等到下雨时再修就为时过晚了。

阿里巴巴的服务对象以中小企业为主，现在已拥有2000多万家法人客户。我们不仅自己要生存，还必须帮助中小企业生存发展，这是我工作的重心，也是作为企业家最大的乐趣。

佐藤吉哉：稻盛先生和马先生年龄之差犹如父子，成长的时代不同，文化背景不同，事业领域不同，但是他们超越了这种种差异，他们心灵相通，他们有许多共同点——充满挫折的青年时代；赤手空拳开始创业；相较股东而言更重视客户与员工的利益；具有严格律己的谦虚精神；不是简单地模仿别人，而是将自身的经验和思考加以升华，从而创造出自己独特的经营哲学。他们二人心心相印。

稻盛和夫：我从制造、销售电子零部件起步，一开始就置身于所谓"实体经济"领域。另外，24年前，为了参与日本通信信息产业的变革，我创建了日本第二电电（即现在的 KDDI），在长途电话和手机两个领域都取得了成功。

然而对于电子商务领域，我虽然预测到它的发展前景，但因为缺乏知识，就没有这方面的缘分。而马先生利用互联网，在中国创建了从事电子商务的公司，并将它培育成最大的互联网企业，这说明马先生很有先见之明，很了不起。

我经常看到这样的报道，在与 IT 相关的领域获得成功的许多年轻企业家，他们自以为是，目空一切，炫耀自己的成功。马先生与这些人完全不同，当我得知这一点时感到很欣慰。

马　　云：我虽然从事这项事业，但对于网络技术实际上我知道得很少，直到现在仍属于门外汉。我原是英语老师，1995 年一个偶然的机会知道了互联网，开始涉足这个领域。

我完全不认为我已经成功了，我很害怕用"成功"这两个字。阿里巴巴创业才 9 年，与京瓷相比只能算刚刚起步，问题、课题一大堆，说成功有点不自量力。

同时互联网本身的历史还很短，如果一味发展技术，那么经营方向就不对，互联网之所以存在，是因为社会的需要。它必须为客户和整个社会创造价值。

18 位志同道合的伙伴

稻盛和夫：企业如果没有社会价值就不能生存也不能发展，经营企业不能自以为是，而必须满足社会的需求。阿里巴巴获得社会的承认，取得巨大的成功，而马先生却不失谦虚之心，这很难得。

马　　云：创建公司时，我既没有技术又缺乏资金，也完全没有经营的经验，犹如盲人骑瞎马。一般的盲人都会从马上摔下来，我很幸运，没有摔下马，如此而已。

稻盛和夫：这是一种谦虚的说法。马先生把技术人员集结起来，成为创建阿里巴巴的中心人物。公司创建的缘由我很感兴趣，能否介绍一下。

马　　云：我虽不懂技术，但对互联网充满好奇心。我想互联网归根结底不过是一种工具，因此，有关应用技术的开发，我就委托网络工程师，而我自己站在客户的立场上试用他们开发的技术。

工程师一旦开发出新的技术，我立即试用。如果这种技术用起来简单方便，我就予以采用。相反，烦琐的技术立即丢进垃圾箱。如果像我这样的外行使用时尚能得心应手，那么中小企业客户至少八成也会采用。

稻盛和夫：与技术员一起创建阿里巴巴，最初采用什么形式呢？似乎并非马先生出资建立公司后再招集工程师，为什么这些技术员愿意聚集到马先生麾下呢？

马　　云：最初我借款 2000 美元开始做生意，失败多于成功。1995 年年初设立网络企业，又不成功；接着又去北京，与当时的外经贸部合作做项目也不顺利。

在这过程中我萌生了一个创意，就是通过网络向中小企业提供服务。此后就一直秉持这个理想，当时赞同我理想的包括我在内一共 18 个伙伴，大家共同创建了阿里巴巴。

稻盛和夫：他们都是技术员吗？

马　　云：18 个人中技术员只有 3 名，而且水平也不高。

1999 年 2 月 21 日这个日子至今难忘，在我并不宽敞的房间里，18 个人聚在一起，就今后中国电子商务的发展方向、全世界电子商务的发展趋势，我滔滔不绝地讲了两小时。

18 个人一律不向亲友借钱，就以自己口袋里的钱出资，一共 5 万美元。同时大家商定，各自准备好 10 个月的生活费，通过 10 个月的努力，如果一事无成，大家就散伙，各奔前程。

每月工资只付 500 元，不同意的人不要勉强，但如果赞同我的理念，大家就合伙干。当然，他们都能找到收入更高的工作，但大家对一个共同的理想产生了共鸣。

成功不属于个人

稻盛和夫：马先生描绘出使用网络开拓事业的理想蓝图，并抱着使命感，然后聚集对理想和使命产生共鸣的伙伴。一般情况下，聚集人才靠金钱，但马先生只付区区 500 元，而靠理想和使命把大家团结起来，这是难能可贵的。

听马先生这么讲，我不禁想起创立京瓷时的情景。当时，我是一名公司职员，研究精密陶瓷，京瓷就由当时的 8 名同事一起创办。

没有资金，没有设备，什么也没有，有的只是我对精密陶瓷开发研究所倾注的热情。我满怀激情地向伙伴们诉说精密陶瓷将会对社会产生的影响，诉说我的理想和使命。当时的条件甚至无法保障大家的生活，但是这 8 个人对我的理想产生了共鸣，决定追随我。阿里巴巴同京瓷所处的时代不同，但创业的过程非常相似。

京瓷的成功不是靠我的才能，而是靠伙伴和社会的帮助，我觉得自己很幸运。

马　　云：我也觉得自己很幸运。我高中考过 2 次，大学考过 3 次，多次找工作却没有一家肯录用我。我的能力、学历、长相都不怎么样，从常识而言，我不该受到那么高的评价。

稻盛和夫：人的才能有差异，智力有差异，但人的本质都一样。佛教讲"山川草木，悉皆成佛"，森罗万象，一切事物都内藏佛性，而佛的本质都一样，只是外形差异，变成一个个不同的人。

我靠伙伴和社会的协助，使企业获得了成功，这样的幸事很自然就达成了。思考成功的原因，那不是我的力量。在人生这场戏剧中，我扮演了京瓷创业者的角色，只是作为一个角色演出而已，这是一种偶然，这个成功不属于我个人。

因为我有这个思想，所以我至今不失谦虚之心。创业半个世纪以来，遭遇种种困难：经济危机、日元升值、泡沫破裂等，尽管如此，我们却照样持续发展，我想原因就在于自己没有失却谦虚，或者说自己一直在追求谦虚。

一时成功的人而后没落，原因就在于他们"我呀我"的，自以为是，忘却了谦虚。我想马先生一定能够保持今日的谦虚，将企业经营得更加出色。

佐藤吉哉：如果语言中缺乏灵魂，那么不管多么美好的语言都无法打动人心。企业领导者必须时刻注意公司的健康状况，在面临危机时，全身全灵，与员工沟通并鼓励他们，将萧条变成再发展的动力。稻盛先生和马先生都这么强调。本次危机给了一种机会，促使中日双方的企业家加强交流，加深相互理解。

稻盛和夫：语言这东西，是心中所悟，用大脑加以整理，然后通过声音传递。但是，仅仅将心中所感用头脑思索，再用声音传达，并不能说服他人，或给他人增添勇气。

日本古语中有"言灵"这个词，就是说必须将灵魂注入语言。

"自己认为非这样做不可"，讲这句话时必须抱着信念，在语言中注进自己的灵魂，这样才能发挥语言的威力。做不到这点，就无法震撼人心，人们就不受感动，也不会行动。我从年轻时起就一直按这条原则思考并行动。

我讨厌那些说话时轻飘飘的领导者。口才不好没关系，但话语中要灌注灵魂，特别是在当今严峻的经济形势中，领导者对自己所说的话必须充分负责，与人交流时要注入自己的灵魂和生命，这很重要。

马　　云：稻盛先生说得对。语言的本质不在于表面华丽的辞藻，"言为心声"，语言应表达心底的声音。

我认为不需要讲漂亮话，只要触及事情的本质就能打动员工的心。

因为我是教师出身，所以我把公司的成长看作同人的成长。随着年龄的增长，人的身体状况乃至行为方式都会发生变化。人有生病的时候，公司也一样，患上感冒就需要治疗。如果因病症轻微而忽视，病情就可能恶化，变成重症。经营者必须随时把握公司的健康状况和公司的心态。

我常对员工们讲"我是水泥"。水泥可以把许多东西凝聚在一起，是人，就让大家团结在一起；是物，凝聚后就可以变大。企业家必须不断加深对员工的理解，加强与员工的交流。

2007 年年底，阿里巴巴经营形势喜人，股价上涨，有些年轻员工不免得意忘形。这时，我觉得有必要用语言来告诫员工，我说："我预感某种坏事将会发生，让我们认真准备，有备无患。"

当然只讲一次，许多人听不进去，两次、三次反复地讲，随着员工们对现实情况的理解，他们就会用心倾听我的讲话。

以人为本的经营

稻盛和夫：我已退出经营一线，不再直接对员工们讲话。但过去经济不景气时我总是强调以下几点。

第一，形势确实不容乐观，但是我们绝不悲观。第二，团结一致。萧条降临，公司里会出现不协调的声音，因此萧条期要比平时更加强调团结。第三，大家一起动脑筋想办法，从点滴做起，努力削减费用，这是继续生存的绝对条件。第四，全员营销。人人都当推销员，争取订单，不光是老客户，还要敲开新客户的门。借着萧条在各个方面钻研创新，才能为企业的再次起飞创造条件。

如果我今天还是社长、会长，我还会对员工们讲同样的话。

为了帮助日本中小企业的经营者搞好经营，我创办了"盛和塾"这个企业家的学习型组织，现在已有 5000 多名企业家参加，在中国江苏省的无锡市等地也有企业家在组织学习活动。

我认为中国今后的发展也要依靠广大的中小企业。迄今为止，为了赚钱，各种各样的中小企业如雨后春笋般蓬勃兴起，但要想长期发展，要想保持繁荣，企业必须具备明确的、正确的经营哲学。在帮助中国的中小企业健康成长方面，我愿意助一臂之力。

马　　云：那就拜托您了。稻盛哲学以人为本的经营思想对中国广大的中小企业经营者很有参考意义。我认为企业成长可划分为三个阶段，首先是创业期，企业要生存下来，这是第一阶段。其次是成长期，这时要提高企业经营管理水平，树立明确的事业模式，这是第二阶段。然后是发展期，这时要充实技术和资金，实现飞跃性发展，这是第三阶段。

根据阿里巴巴的各个发展阶段，我自己也寻找不同的经营者作为榜样。1999 年创业后，我向美国雅虎创始人杨致远、美国微软的比尔·盖茨以及美国 IT 行业的先驱们学习。当经营走上轨道，2002 年之后，我又受到美国通用电气公司 CEO 杰克·韦尔奇经营思想的强烈影响。

到了今天，企业家最关心的问题是有关人本身的问题。人为什么活着？企业存在的意义何在？我们应该对社会做出怎样的贡献？我从稻盛经营哲学中学到了很多，进一步提高了我对人的本质的探求之心。

当前的金融风暴是中日两国企业家加强民间交流的机会。我认为中日之间的交流迄今为止还相当不足，而直面共同的困难，正是加强两国企业家之间相互理解、共同开拓未来的一个良机。

编者按：这是一次不需要主持人的对话。青年时代的挫折，创业的激情，尊重员工的经营，企业社会意义的探究，相同价值观的呼应。双方谈话十分投入，以至忘记了时间。

对于马先生的经营走到"重视人本身"这一点，稻盛答道"此乃必然"。"通过坐在桌前读书学习经营技术，这不过是一个小小的阶段。"面临世界性的金融风暴，美国式的经营价值受到了质疑，此时两位的对话会给人们许多启示。

稻盛先生在对话结束前，问马先生今年几岁。"比我女儿还年轻呢！"稻盛先生或许回想起自己 30 年前的情景。在面临金融风暴的社会氛围中，两人的对话带来一种清朗的感觉。

第四章 ／ 稻盛和夫论谦虚

必须经常保持谦虚的姿态

据说随着社会的不断发展，持有"自我中心"价值观的人，即个人主义思想严重的人，会不断增多。但是，在"自我中心"价值观的人当中，只能产生"自我"与"自我"的冲突，需要团队间互相配合的工作就无法取得进展。

陶醉于自己的能力或微不足道的成功，骄傲自满，就得不到周围人的帮助，还会妨碍自己的成长。

为了形成团队合力，在和谐的气氛中有效地开展工作，必须意识到"有了大家才会有自己"，持续保持谦虚的态度，这是非常重要的。

谦虚使人进步

我一直强调"必须经常保持谦虚的态度"。谦虚才是学习上进的源泉。

中国古语中有"惟谦受福"的格言，意思是傲慢得不到好运和幸福，只有谦虚的人才会交上好运、获得幸福。

说到谦虚，也许有人会感到没有面子，但这种想法不正确。人，往往正因为没有内涵，才需要自吹自擂，借此来满足自己的表现欲。谦虚的人有时会被认为是傻瓜，其实觉得谦虚的人是傻瓜的人才是真正的傻瓜。

中小企业的经营者，如果稍微有点盈利就沾沾自喜，不知天高地厚，那么他们的企业就得不到进一步的发展。如果失去谦虚之心，傲慢起来，那么好不容易才提升了收益、获得了发展的公司，转眼间就可能会出现赤字，面临破产。所以，我希望在座的各位把保持谦虚的姿态铭记在心。

前文有述，企业经营者必须使团队团结一致，统一方向，始终保持心心相印的和谐气氛，才能最有效地开展工作。要养成这样良好的企业风气，领导者首先要保持谦虚的态度，只有领导者以身作则，下属才会跟着一起前进。

如果企业中的中层管理人员摆架子，高层领导者骄傲自满，那么团队配合就搞不好，形不成团队合力。职位越高的人越应该谦虚谨慎，深入群众，向大家传递企业的理想，努力营造良好的工作氛围。如果公司领导者和一线员工都有"谦虚的姿态"，那么就能营造出和谐的人际关系，在此基础之上，企业一定能发展壮大。

人一旦傲慢必定灭亡

顺着佛陀"知足"的思想去考虑，那么，可以意识到，现代文明到了今天这个地步，已经足矣，不再前进也无妨。有人会说："不！还远远不够，我们希望过上更加富裕的生活。"我想对这些人说："让我们更谦虚一些吧。"

历史上凡是失却谦虚的文明，全部灭亡了。在这一点上，个人也一样。自古以来，中国人就有"惟谦受福"的说法。不管是帝王将相还是实业家，不管取得过怎样的丰功伟绩，一旦失却谦虚，傲慢起来，那就必然走向灭亡。

问题是，现在的人类不约而同一起傲慢起来，所以，回归谦虚，重新树立对自然的敬畏之心，非常重要。在此之上，必须建立人类共同的哲学，构建 21 世纪拯救人类的新哲学。然后希望全世界的领袖们汇聚一堂，集思广益，出谋划策，共同探讨人类的出路。

以古埃及文明为代表，古代的人类都对太阳抱着某种信仰，也就是对自然的一种敬畏之情。大家都抱有一种明确的思想，就是人类靠自然的恩惠才能生存。

然而到了近代，充满好奇心的人类发挥自身的智慧，推进了科学技术的发展。这个近代文明的发展，不以自然而以人类为主体，似乎发挥人类的智慧就可以随心所欲地利用自然。因此不断地改变自然、放肆地破坏自然，在此基础之上，构建了由高度的科学技术支撑的近代文明。

构建了对人类而言非常优秀、非常舒服的社会，科学技术的发展，让人类觉得自己的一切理想都能实现。宏观上讲，人类飞进了宇宙空间，微观而言，人类踏进了纳米世界，或者已经能够操控生物的 DNA。

然而结果是人类生出了傲慢：

"我们可以为所欲为！"

"只要让科学技术不断发展，我们将无所不能！"

不错，是人类孕育了卓越的科技，但人类因此滋生了傲慢，现在的人类正在错误的道路上加速奔跑。我们不必提倡复古，但应该像古埃及人一样，感谢太阳的恩泽，对太阳抱有虔诚的信仰之心，回归到这样的思想。就是说，傲慢的人类，应该重新以敬畏之心应对自然，回归尊重自然的哲学。

现代人，也应该对自然的伟大力量抱持虔敬的态度，这样才能稍稍节制人类的傲慢。

人类的傲慢破坏了自然环境，带来了以地球变暖为象征的、深刻的环境危机。地球已处于危险状态，这次参加日本北海道洞爷湖八国峰会的首脑们都承认了这个事实，但谁也不肯承诺"自己率先垂范，为改善环境做出牺牲"。对危机的认识不断加深，但具体对策却向后拖延，会议就这样草草收场。

不论大国还是小国，不论先进国家还是发展中国家，当大家都在争取和维护自己的"利益"时，必然会发生冲突。极小、极小的领土归属问题，往往引发国际性的纷争。由开始时小小的火种导致大动干戈。在核扩散难以遏制的今天，还可能诱发核战争。为了防止此类悲剧的发生，我们都必须恢复谦虚的态度。

在这个小小的地球上，如果各国一味强调自己国家的利益，人类将无法生存下去。抱着"利他之心"，考虑全体人类的利益，国际社会必须建立起能够持续和平繁荣的邻居式的友好关系。

在自然界，在这个狭小的地球上，动植物都在友好地共生共存，人类要向自然界学习，回归谦虚，再次感谢自然的恩惠，不是我们在自然中"活着"，而是自然"让我们活着"，意识到这一点，我们就应该重新回归谦虚和虔敬。

谦虚是日本人失却的美德之一。颔首低头以示恭敬，功劳让与别人，得意时不忘形，互相礼让，秉持一颗审慎谦卑之心。

人生在世，有时需要强调自我，坚持自己的主张。但是谦虚这个有代表性的美德渐渐被我们遗忘，却不能不说是日本社会莫大的损失。住在这个国家里不再感到愉悦，失却谦虚礼让是原因之一，这决不是我一个人的想法。

确实，对凡人而言，要始终保持谦虚决不是容易的事。我这么强调谦虚，但骄傲自大之心有时仍然让我有些趾高气扬。

在精密陶瓷这个未曾开拓的领域，我开发了很多新技术和新产品，京瓷以惊人的速度成长发展。同样，KDDI 的发展也令人惊叹。周围的人异口同声称赞我，甚至吹捧我。聚会时奉我为上宾，让我坐上席，要我致辞介绍经验，这些似乎天经地义。

虽然我不断自我告诫要虚心，但久而久之，有时仍不免自我陶醉，在心底一角冒出自满情绪。我那样拼死努力，业绩如此辉煌夺目，接受这样的礼遇不是理所当然的吗？

偶尔会这样志得意满，但某种境况下我又会猛然醒悟："不行不行！自满情绪要不得。"立即检点反省自己。

即便已经皈依佛门，直到今天，我仍会有这种心理上的反复。

仔细想来，我所具备的能力，我所发挥的作用，并没有非我不可的必然性。别人拥有同样的才能，扮演与我相同的角色，也没有任何不妥当，没有任何不可思议之处。至今我所做的一切，别人也可以取而代之。

所有这一切，都是上天偶尔赏赐给我的，我不过努力加以磨炼而已。我想，任何人的任何才能都是天授的，不！才能只是从上天借来之物。

因此，杰出的才能，由这才能创造的成果，属于我却不归我所有。才能和功劳不应由个人独占，而应该用来为世人、为社会谋利。也就是说，自己的才能用来为"公"是第一义，用来为"私"是第二义。我认为，这就是谦虚这一美德的本质所在。

然而，随着谦虚精神日趋淡薄，把才能私有化的人有增无减，特别是身居要职，理应成为众人楷模的领导者，这一倾向尤为明显。曾经具备优秀传统、出色业绩的大企业，原有的组织规范、伦理道德已经废弛，以致违规违法的丑闻层出不穷。还有那些受国民委托管理公共行政、薪金来自民脂民膏的官僚，利用特权中饱私囊者也不在少数。

大企业的领导、干部和官僚，他们的能力无不高人一等，为什么他们常常丑闻缠身、贪污渎职呢？因为他们把才能据为己有。他们认为才能纯属私有，而非从上天借来之物，不必用之于公，心安理得地把才能用于满足自己的私利私欲。

我年轻时日本人民生活还很贫困，当时我认为人生在世最重要的，而且我努力去做的是"诚实"二字。

对人生、对工作，我尽可能做到诚实。不马虎，不偷懒，拼命地工作，认真地生活。我认为，这对经历过贫苦时代的日本人来说并不稀奇，这是融入当时日本人血肉的一项特征，也是一种美德。

不久，日本经济起飞，社会变得富足、安定，京瓷的经营也上了轨道，规模扩大。这时"感谢"在我心中占的分量越来越大。诚实的努力带来了丰厚的回报，此时，"感谢"之情在我的心中油然而生。这种体验反复多次以后，"感谢之心"在我身上成形，成为我生活中始终贯彻的道德准则之一。

回顾自己，"感谢之心"就像地下水一样，滋润着我道德观的根基。而这与我在幼年时的体验深切相关。

我的老家在鹿儿岛，我四五岁时，父亲带我去参与"隐蔽念佛"。所谓"隐蔽念佛"，可远溯至德川时期，"一向宗"受到萨摩藩的打压时，那些虔诚的佛教徒把宗教仪式偷偷地保存了下来。在我年幼时，他们还保留着这种信仰方式。

和几对父子一起，在日落后漆黑的山路上，我借着灯笼的亮光，一步一步攀登。大家默默无语，在恐怖和神秘气氛的笼罩下，幼小的我也拼命地、紧紧地跟在父亲身后。

登山的终点是一户人家，进去一看，佛龛里摆放着气派的佛坛。身穿袈裟的僧人在前面诵经。屋内零星点着几支小蜡烛，光线十分暗淡，我们各自坐下，融入那昏暗之中。

孩子们端坐在僧人身后，静听着低沉的诵经声。诵经结束，孩子们按指示一个接一个向佛坛献香拜谒，我也照着做了一遍。

这时僧人会对孩子简单地说几句话，有的孩子被要求再来，而我听到的却是："你已经行了（不要再来了），今天拜过就好了。"

接着，那僧人又说："从今以后，你每天都要说'南曼、南曼，谢谢！'向佛表示感谢。活着的时候，只要这么做就可以了。"然后他转向父亲说："这孩子以后不用再带来了。"这句话好像给我的人生下了一个保证。

记得当时幼小的我，好像通过了什么考试，又像得到了师父的真传，又自豪又高兴。

这是我最早的宗教体验，印象深刻。我想，当时我学到了感谢的重要性，这种意识塑造了我心灵的原型。实际上一直到现在，只要有什么事，"南曼、南曼，谢谢！"这句话在无意识中就会脱口而出，在我耳边回荡。

我拜访欧洲的教堂，为教堂庄严肃穆的气氛所感动，那时的我也会情不自禁地念诵这句话。这句"祈祷"的话语，已经超越宗教、宗派，融入我的血肉，已经成为渗入我内心深处的"心灵的口头禅"。

六项精进

六项精进

第五章　／　盛和塾塾生心得

改心之道

大家好。我是日本盛和塾塾生代表加藤胜。[1]

首先，恭喜"稻盛和夫（北京）管理顾问有限公司"成立。同时，向为公司成立而尽心尽力的曹董事长以及其他相关人士表示祝贺；另外，今天，能够邀请稻盛塾长参加公司成立演讲会，我感到十分荣幸，并再次表达深深的祝贺。

明天，稻盛塾长本人将亲自为大家作现场演讲。我相信以"爱意、真诚以及和谐"的精神来贯彻的"稻盛哲学"，不仅可以超越国籍、人种，甚至可以超越时代，并给人类社会带来和平与繁荣。"稻盛哲学"跨越中日两国的国门，在此能和大家一同学习，互相切磋，我感到无比的喜悦。

我发言的题目是：改心之道——盛和塾学习心得。

我成立公司时，最初的经营目的很明确，就是"赚钱""成为有钱人"。公司是自己赚钱的场所，员工就是为公司赚钱的工具。

---

[1] 本节由盛和塾（名古屋）株式会社 Heartland 社长加藤胜 2010 年的演讲汇编而成。

加入盛和塾后，我清楚地意识到我的这种想法是错误的，从此，我的人生发生了 180 度的转变，一直自私自利的我开始"走向了改心之道"。在此，我想回顾一下 35 年来，我作为经营者的经历。

经历

首先，我想从我的经历开始说起。

1950 年，出生于日本爱知县，是一个农民家庭的长子
1976 年，开始创业
1982 年，成立房地产公司
1996 年，加入盛和塾
1998 年，成立 Heartland 公司

我出生在爱知县的一个农民家庭，是家里的长子。按当时农村的惯例，农民家庭的长子生下来就要子承父业当农民。

在我们加藤家族中从来没有人经商。我之所以违背传统要经商有两条理由。

第一条理由是，在我 17 岁时，父亲过世了，年仅 41 岁。父亲刚过世就闹出了金钱风波。病中的父亲曾向亲戚们借过生活费，这使我们与亲戚之间产生了纠纷。

年少的我就认为"世上有钱人就是强者""成为有钱人才能让大家看得起"。

第二个理由是，我在 14 岁和 16 岁的时候，因患有与父亲同样的病，而长期住院。所以，我模糊地认为自己会与父亲一样在 40 岁左右就会死去，当时心想，反正生命有限，那就"下定决心赚钱"，而且"必须尽早起步"。

父亲是一个积极向上，并且有许多梦想的人。如果不是在 41 岁就过世，我想父亲还能做很多自己想做的事。为此，我感到非常遗憾，为了弥补心中的遗憾，父亲未完成的梦想，我想替他继续完成。父亲虽已离开了我们，但他会永远活在我的心中，今后我要与心中的父亲一起完成我的人生。

昨天我迎来了自己的 60 岁生日，尽管已进入花甲之年，但我仍然精力充沛。今天，能在如此盛大的场合发言，我想那一定是父亲赐予的生命力量。

创业

我 25 岁开始创业，公司主要从事房屋销售与施工。

中学毕业后，我在一家酒店打工，并且住在那里，正因如此，我有了经商的念头，我在频繁更换工作的过程中结束了青春叛逆期。我在叛逆期经常说的一句话就是"我只在乎现在"。

21 岁时，我进入房地产开发公司销售部门工作，这份工作几乎不需要学历和经验，只注重实际销售业绩，我认为这份工作非常适合我，简直是上天赐予我的最理想的工作。从那时起，我一直从事与房地产有关的工作。

在公司工作的 3 年里，我的业绩一直名列前茅，公司奖金制度是按个人业绩来考核的，这对我来说有很大的吸引力。在销售方面我有绝对的自信。之后，我下定决心："好！我自己干。"在房地产公司工作期间，经过再三请求，我从顾客那里借来 50 万日元作为创业资金，白手起家，开始了我人生的第一次创业。

创业之初，公司员工由工作期间认识的 3 位男性朋友和我的妻子组成，加上我一共 5 人。可是，公司没多久就倒闭了。仅仅在三四个月内员工就接连辞职，不到一年的时间，全体员工都辞职了。

之后，接连几天我都夜不能寐，公司因破产负债，即便当时我卷席而逃也不会有人感到奇怪，在那最困难的时期里，我和妻子二人节衣缩食，坚持了下来。

6 年后，也就是 1976 年，我成立了富士开发株式会社。首次创业的痛苦经历，使我在员工雇用方面一直抱有恐惧感，尽管如此，公司到 1986 年时，已发展到员工 10 名左右，销售额也从最初的 7 亿日元提升到 10 亿日元。

虽说销售额在提升，但是，我与员工之间的关系却不是很和谐。那是因为我只把员工当成赚钱的工具。当然，公司员工也很清楚这一点，员工们的想法也是一样，如果有好的工作环境也会马上辞职离开，公司当时的状况就是如此，但仔细想想，我做员工的时候，如果有工资更高的地方，我也会二话不说马上辞职。

入塾

我于 1996 年正式加入盛和塾。

之所以加入盛和塾，是因为从塾生前辈那里得到了《经营十二条》的演讲录音带和《提高心性，拓展经营》一书。

文中阐释了"付出不亚于任何人的努力""渗透到潜意识的强烈的愿望"等理念，这些理念体现了作为一名经营者应该具有强烈的愿望和正确的思维方式。

读完后，我感到很惊讶，这世上竟然有如此"了不起的人物"，原来经营也有如此高深的学问。作为一名企业经营者，我应该从中学习经营者的正确思维方式和生活态度。我生平第一次开始学习有关经营与经营者人生的哲学。

此后，我开始追随塾长，想缩短与塾长之间的距离。

就在我努力靠近塾长哲学理念的过程中，一直自私自利的我随着对哲学理念的深入学习，我的内心深处也发生了变化。塾长每次热情洋溢的讲话，以及讲话时的每一个举动，我都很怕错过，每次都目不转睛、认真地聆听。另外，在每次塾长例会上，塾生前辈们一丝不苟、竭尽全力的态度也深深地感染了我。

加入盛和塾后，最初学习的就是"经营十二条"中的第一条，"明确事业的目的与意义"。

于是，我把公司经营理念定为：在追求全体员工物质和精神两方面幸福的同时，为人类社会的进步和发展做出贡献。并且，根据塾长的讲话，制定了30条"公司哲学"。此外，我还把

六项精进

公司基本方针和社训定为"提高心性，拓展经营"。

之前一直把赚钱放在人生第一位的我，整整用了半年的时间，才真正有所感悟。

改心之道四部曲

· 改革

可以说这是向"改心之道"迈出了第一步。公司经营理念明确后，公司状况与稻盛理念的差距马上就呈现出来。时不我待，我必须立刻着手制定方案，以求缩短差距。于是，我在公司内部开始谈论哲学，并对工资制度等多项制度提出若干个改革方案。

首先，公司要改革的就是工资制度。公司原有工资制度是绩效考核制度，是从之前工作过的房地产公司直接引入的，绩效考核制度是根据个人实际业绩，每月支付相应的奖金。业绩好的员工，最多能给到基本工资的 2 ~ 3 倍，业绩不好的员工只能拿到基本工资，勉强糊口。

新制度是把绩效考核替换成以固定工资为主，更多考虑年龄、工龄要素的所谓"年功序列"的工资体系。

另外，把以往偷学前辈技术、个人单打独斗的组织结构形式，替换成业绩好的员工对业绩差的员工进行一对一的指导培训形式，构筑师徒般的组织结构。

我坚信按照经营理念进行的这项改革，一定能够让全体员工得到幸福，可是，这样做却遭到业绩好的员工们的强烈抵制。业绩好的员工们认为："我们之所以加入这个公司，是为了赚钱，而不是为了去指导、培训别人。"

还有人认为，如果经过培训出现业绩好的员工，那就会成为自己的竞争对手，自己反而会少赚钱。富士开发公司当时的情况就是这样。

结果不到一年，公司就有一半的员工相继辞职，销售额也从10亿日元下降到5亿日元。之所以有这样的结果，完全是因为我的不成熟和自以为是的性格造成的。

公司经营形势十分严峻，这时我又考虑成立一个按照顾客订单来建造房屋的房地产开发公司。

在一次塾长例会上，我向塾长提出这样一个问题："公司经营状况不是很好，我想成立一个新公司，您认为如何？"塾长用强硬的口吻说："怎么？不想专注于本行了吗？一般都是自己本行经营上了轨道之后才开展新事业，你这样轻率、随便怎么行呢？"塾长的教导让我的心情十分沉重。

被严厉批评后，在一次塾生旅游活动中，我再一次鼓起勇气向塾长提了问题："塾长，我想在公司内部试行经营理念和哲学，不知您能否给予指导？"说完后，我把拟定好的公司理念和哲学小册子递给了塾长。

塾长接过后说："小册子先放我这里保管一晚。"我以为塾长大概看一下就会马上还给我，没想到他竟然要带回去看，此举让我十分感动。

第二天，塾长把做了修改的小册子还给我，对我说："按照这个努力去做吧。"塾长在小册子中补充道："要做对社会有益的工作，要让公司成为员工心情愉快的公司。"塾长的话让我很感动，同时也让我鼓起了勇气。

· 重生

后来，我成立了一家新公司。在考虑新公司名字的时候，我想把塾长经常教诲的"利他之心""慈悲之心"反映在公司名字中，于是，我想起名为"有爱就好"。

说起来是笑话，当时，与他人谈公司的这个名字时，有人忠告说："这个名字感觉好像是红灯区夜店用的。"经过深思熟虑后，我最终将新公司定名为"Heartland"。

这个名字包含"有爱就好"这层意思，另一层意思是立志成为一个为社会为世人做贡献的企业，包含"公司要成为全体员工、客户、交易对象心灵可以托付的场所"。

Heartland 公司于 1998 年 4 月成立，注册资金 5000 万日元。营业内容为按照顾客的要求建造普通住宅和木造住宅。

1998 年 5 月总店正式开张，现已发展有 6 个分店。

Heartland 公司从创立第一天开始，我就运用在盛和塾学到的稻盛哲学。

公司的基本目的就是要成为"稻盛经营哲学实践之地"，为此全面提出并制定了经营理念、公司方针、社训及 Heartland哲学，公开标榜我们是一个以正确的理念来运行的公司。

公司刚刚成立时，员工人数只有 2 名，现已有 41 名。

回顾入塾时学到的"经营十二条"中"要以关爱和坦诚之心待人"。

这一条就是最重要的"改心",从这里改变自己的基本想法。

塾长的"以关爱之心对待员工"这一理念,逐步在我的头脑里扎根,由此我的思维方式和行为都有了明显的改变。

比如,未加入盛和塾之前,如果员工迟到,我会训斥说:"什么?只是身体不舒服,就可以怠慢工作吗?"但加入盛和塾后,我会发自内心关切地问:"身体不要紧吧?是否需要帮助?"

我认为"是否关爱员工""是否真心诚意地对待员工"要发自内心,而不是做表面功夫,我已能做到真心诚意地对待员工,与此同时,我所制定的哲学理念也得到了全体员工的认可。并且,我们在公司内部已经构筑起了家庭成员般的人际关系。

以关爱之心待人,这不仅使员工幸福,也使我自己的心灵受到洗礼,变得美好。美好的心灵之间产生共鸣,产生悦耳的和声,唤起更多的连锁反应。从公司气氛的变化,我看到了这一点。

加入盛和塾前,我经常与顾客和交易伙伴发生纠纷,甚至经常打官司。但是，自从以"利他之心"为基础经营企业，公司在经营中出现的纠纷都能迎刃而解。"利他之心"所隐藏的巨大力量，不经过亲身体验是无法想象的。同样，"关爱之心"也让我收获了难得的"副产品"。

入塾前，我与妻子的关系很不好，随时都有离婚的可能。主要原因在我身上。经营失败让我感到非常孤独，所以，我对妻子的态度近乎冷漠无情。而我的妻子毫无怨言，只是一味地忍耐，可我却一直都没有发觉。塾长教导我们要有"慈悲之心""把别人的烦恼视为自己的烦恼"，我从这些话中得到启示，从此，与妻子的关系也变得越来越融洽。回头看看，"关爱之心"的惊人力量，也是通过亲身体验才能真正体会到的。

接下来需要"改心"的就是"玻璃般透明的经营"。入塾前，公司内部财务数据是不向员工公开的，是有意隐瞒的，理由是，员工知道公司利润，担心出现员工要求"涨工资""加奖金"等情况。另外，我想："反正这些员工在公司经营好的时候乐意跟着我干，一旦经营不好，就一定会毫不留情地离我而去。最后只剩我一个人，因向银行贷款时以房产担保而面临偿还债务、妻离子散的窘境，世上这样的故事不胜枚举。"

入塾后，我把"员工的幸福"作为经营目的，坚定了信念。为了实现经营理念，经营者和员工必须结成伙伴关系。我意识到，无论好坏，把公司的真实情况和盘托出是建立彼此信赖关系的第一步。

我把每个月的账目结算委托给会计事务所，从此，实行"玻璃般透明的经营"。如此一来，我精神上得到了放松，公司也没有秘密可言，大家的心情也变得很愉快。我能真切地感受到，职场氛围也发生了巨大变化。

2004 年，通过京瓷公司的指导，我引进了阿米巴经营。

引入阿米巴经营后，公司的情况变得更好了。通过阿米巴经营会议，阿米巴领导者的水平迅速提高。公司任命二十几岁的员工为阿米巴领导者，他们成为部门经营者后，都非常认真地实行预算与实绩管理，非常热心地参与企业的经营。

达到目标时，大家都很高兴，未达到目标时，大家都会共同反思原因何在，以及今后应该采取怎样的措施等，所有人都极度认真。员工们极度认真的工作态度非常了不起，我觉得每个员工都非常可靠，值得信任。

· 新目标

Heartland 公司的经营状况是，在 1999 年第一期结算时，销售额为 1.63 亿日元，有 1200 万日元的赤字；

第二期结算时，销售额为 5.63 亿日元，营业利润为 6200 万日元；

……

到第八期结算时，销售额上升为 16.01 亿日元，营业利润也上升为 2.1 亿日元；

本期销售额又有了新的提高，上升为 20.94 亿日元，纯利润为 2.742 亿日元。

2007 年，我非常荣幸地获得了"稻盛经营者奖"。之所以获奖，我认为是全体员工共同努力的结果。于是，我把股份无偿转让给了公司员工，并发起员工持股大会。公司注册资金增至 9500 万日元，公司无贷款，内部储备金也超过了 5 亿日元。

这些都是因为我加入了盛和塾，走向"改心之道"而得来的。

制定公司新目标时，我也受到了塾长的启发，在向塾长报告营业利润率已提升了 10% 以上的时候，塾长说："是吗，那不错，付出了很大的努力。"然后又问："现在销售额是多少？"

我回答说："16 亿。"

塾长接下来又说："是吗，那要继续努力，好好干！"

其实，我也听到过塾长的另一种意见："你的经营规模不过如此，现在的努力还远远不够。"我立即把这个意见转达给员工听。

半年后，2007 年 4 月，我与全体员工共同宣誓："在本年度实现销售额 100 亿日元，营业利润 10 亿日元。"同时，制订了年度经营计划，并在 2009 年 4 月设立了不动产事业部，开始实施"销售额 100 亿日元、营业利润 10 亿日元"的计划。

公司目前正在努力实现这一目标，为了让每一名员工都能放心地将自己的未来托付于公司，全体员工正在努力奋斗，使公司成为一个优秀的、强大的公司。

· **感谢**

通过这样的"改心"体验，我深刻地感悟到"经营十二条"的博大精深，是稻盛经营哲学的精髓。

我对"经营十二条"逐一研究，希望能与塾长的思想更加接近。

我坚信，只要与全体员工团结一致，认真、忠实地实践"经营十二条"，就能实现我们公司的经营理念。

从入塾当初的梦想到引入"阿米巴经营"模式，再到获得"稻盛经营者奖"，如今，我获得了超乎想象的荣誉和幸福。

没有塾长就没有今天的我，就没有与优秀员工一起工作的机会；如果这个世界上没有稻盛塾长的存在，没有塾长创办的盛和塾，那么……每当想到这些我就会因害怕而全身颤抖。现在我可以断言，经营哲学这一强有力的纽带一定能把全体员工团结在一起。有这样的员工是最值得我自豪的事情。

此次发言很荣幸地得到塾长的点评。请中国各位嘉宾及日本盛和塾塾生们静听塾长点评。

能够得到塾长的精彩点评，使我现在很激动，也很感动。

我的文化水平不高，只是一名普普通通的农民，今天能有机会在这样大的"磁场"里发表塾长所教导的"改心"，我真的很感激。

最后，请允许我为稻盛和夫（北京）管理顾问有限公司的发展，为稻盛塾长的健康长寿，为人类社会的和平、繁荣祈祷。

六项精进

稻盛和夫点评

玻璃般透明的经营

我由衷感到，办盛和塾真好。

集所有责任于一身的中小企业经营者

加藤先生 17 岁时，41 岁的父亲去世了。因为患过与父亲同样的病，加藤先生怀疑自己也活不长。经济贫困，让加藤先生在孩童时代就萌生了非赚钱不可的念头，后来到一家房地产公司做销售，个人业绩出色，信心大增，之后就进入了房地产行业。

说起来可能不太合适，一心想赚钱而创建公司的人，其中一大半，他们经营企业的目的仅仅就是赚钱。

但是，加藤先生接触到了我的经营思想后，就"改心"了，决定尝试"玻璃般透明的经营"。入塾前，公司的经营数字不让员工知道，甚至是刻意隐瞒的。这样做的原因，加藤先生是这么说的：

"一旦员工知道利润后，就会要求涨工资，要求多发奖金。一想到这些，我就感到恐惧。这些员工，公司经营顺畅时，都高高兴兴地跟着我；公司经营稍有不畅，他们就一溜烟地全跑了。剩下我一个人，担着债务连带担保的责任，弄不好还会妻离子散。"

这几句话道出了中小企业经营者共同的心声。出于这种切实的危机感，所以隐瞒利润，不让员工知道，这是中小企业经营者一般都有的心理。

我自己年轻时经营企业，也经常抱有恐惧感，担心公司说不定什么时候就会倒闭。

一天晚上，很晚回到家，我把还在上小学的 3 个女儿叫起，告诉他们，如果公司破产，房子和家里所有的东西都会被拿走，剩下的只有饭碗和筷子。我想让她们理解公司经营是多么险峻。

过了一些年后，女儿们抱怨说："爸爸好过分。当时我们还小，你对我们说，公司破产的话，就要倾家荡产，还专门挑夜里说，吓得我们都睡不着觉。"

正如加藤先生说的，所有的责任必须自己一肩挑，这就是中小企业经营者的宿命。

因为有过这种想法，有过失败的教训，原本只想赚钱的加藤先生改变了内心，依据"经营十二条"，制定了企业经营的哲学，并彻底贯彻玻璃般透明的经营原则。

这样做以后，不仅自己的心情变好了，而且员工们都追随自己，公司里的工作氛围也焕然一新。自己的心变了，连公司的经营氛围都跟着变了。

要拼命传递经营真谛

加藤先生说，因为在盛和塾向我学习经营而彻底改变了自己，所以发自肺腑地对我表示感谢。听了这番话，我高兴得流下了眼泪。昨天晚上恳亲会结束后，回到房间，我的心情久久无法平静。

1980 年，京都青年会议所的经营者对我说："京瓷发展得这么好，请您教教我们，究竟应该怎么做，公司才能顺利发展？"，3 年后，盛和塾的前身——盛友塾成立了。

当时京瓷的销售额大约只有 1000 亿日元，现在已经增长到了 13000 亿日元。我一边经营京瓷，一边抽空给塾生们讲解经营企业的方法。

就是说，我相信，塾生们的公司经营出色，不仅可以让公司的员工幸福，而且对日本社会也很有价值。所以我在经营企业的同时，把自己积累的经营真谛与大家分享。这就是盛和塾走过的 25 年历史。

不仅是京瓷的经营，我还出力创办了第二电电，即现在的KDDI，销售额已经超过了 30000 亿日元。我还成立了稻盛财团，第二十四届京都奖颁奖大会也顺利举办了。

我把从经营过程中学到的经营真谛，即企业经营应该怎么做，教给大家，希望大家的企业都能变好。昨天晚上，我仔细回顾了这些年做的这些事。

加藤先生说，没有塾长，就没有自己的今天，就没有与优秀员工共事的机会。听了这话，我从心底里坚定了决心，为了让大家的公司变得更好，我就是拼上性命，也要把这项工作坚持下去。

加藤先生虽然只有初中学历，却能用精彩的语言把哲学和阿米巴经营讲给员工听，并且公司也越做越好。听到这些，我由衷高兴，我深切地感觉到，办盛和塾真好。

谢谢。

正确指导人们一切言行的根本思想

21 世纪初，由松下幸之助先生创立的 PHP[1] 研究所负责人江口克彦先生向稻盛和夫先生发出请求："当迎来新世纪之际，面对越发混迷的社会，你的思想应该作为哲学问世。"[2]

据说稻盛先生独自在宾馆静思默想了一星期，才构思了这本重要的著作。

出版社希望我重新翻译这本书。这本书的日文原著以《心法：稻盛和夫的哲学》命名，顾名思义就是稻盛哲学的代表作。在多次阅读原著并将原著和现有译本反复对照之后，我觉得对本书有重新翻译的必要。

科技进步、经济发展与人的精神道德的衰退，这是当今世界的一个尖锐而深刻的矛盾。这个矛盾不仅使人和人之间、集团和集团之间、国家与国家之间纷争不断，而且使人类失去了对自然的敬畏，人类在破坏自然的同时也破坏了人性。

---

[1] PHP 的意思是通过繁荣带来和平与幸福。
[2] 本节由稻盛和夫（北京）管理顾问有限公司董事长曹岫云 2014 年的演讲汇编而成。

在本书的序言中，稻盛先生自称是哲学的门外汉。

我曾经认真阅读过几本古今东西的哲学名著，却是似懂非懂，因而不免质疑自己的智商，自惭形秽。但稻盛哲学给我的感觉完全不同，这种哲学不仅通俗易懂，而且可以付诸实践。这种哲学不仅催人奋进，而且它是指引个人、组织、社会乃至人类朝着善的、美好的方向前进的哲学。稻盛先生虽然出身是科学家，出名是企业家，但他本质上是一位哲学家，而且是一位彻底追求正确思考和正确行动的哲学家。

"人只为己，天诛地灭"。

我认为，稻盛先生"敬天爱人"的利他哲学才是正确指导人们一切言行的根本思想，才是企业乃至人类避免衰亡的正确的哲学。

新的论据是稻盛重建日航的卓越成功。

2010 年 2 月 1 日，航空业的门外汉、78 岁的稻盛和夫应日本政府的再三要求，出任破产重建的日本航空公司的会长，仅仅一年，日航就创造了其 60 年历史上最高的 1884 亿日元的利润（按当时的汇率约合 140 亿元人民币，是日航历史纪录的两倍），这个利润在当年全世界 727 家航空公司中独占鳌头、遥遥领先。

第二年，即 2011 年 3 月 11 日，日本东北地区发生 9 级大地震，伴随大海啸，造成了可怕的福岛核辐射事件，一时风声鹤唳，外国客人不去日本，日本国内的旅游活动也一时停滞。就在这堪称国难的"三重灾难"的阴影中，日航却逆流勇进，这一年的销售额虽然有所减少，但利润是惊人的 2045 亿日元，利润率是 17%，是当年全世界航空业平均利润率的 17 倍，这又创造了新的历史纪录。

不仅如此，2012 年 9 月 19 日，日航在宣布破产后仅仅 2 年 7 个月就重新上市，又创造了一项新纪录。日本从 20 世纪 60 年代以来，有 138 家上市企业破产重建，重建成功的只有 9 家，平均花费 15 年，最短的也花了 9 年。

另外，日航破产时，日本政府注入资金 3500 亿日元，但上市后回收了 6900 亿日元，这又是一个新的纪录。

还有，日航的准点率连续三年世界第一。

日航短时期内起死回生、大落大起，这个世界企业经营史上的经典案例，能够给予我们什么启示呢？

企业由于更换了领导者而重整旗鼓，甚至出现 V 字形反转的例子时有所闻。新的领导者或者以强有力的手腕扫除积弊；或者开发了划时代的新技术或新产品；或者创造了崭新的市场运作模式；或者在经营战略上屡出高招。不用说，这样的领导者都是行业内的尖子，具备出众的才华、充沛的精力以及燃烧的斗魂，其中有的人甚至堪称天才，比如美国苹果公司的乔布斯。

然而，稻盛拯救日航却是别开生面。

78 岁高龄，十足的外行，零薪酬出任会长，这三条首先就闻所未闻。

接着宣布出任日航会长的三条大义：为了保住留任的 32000 名日航员工的饭碗；为了给低迷的日本经济的重振助上一臂之力；为了保持航空业的竞争态势，让日本国民有选择航空公司的权利。这也是闻所未闻的。

稻盛先生来到日航就明确揭示新生日航的经营理念或企业目的，那就是"追求全体员工物质和精神两方面的幸福"。在这基础之上，"为旅客提供最好的服务；提高企业自身价值，为社会的进步和发展做出贡献。"这又是闻所未闻的。

稻盛先生给日航干部上课，首先讲领导者应有的资质，要求大家以"作为人，何谓正确？"作为判断和行动的基准，要求干部成为受到部下信任和尊敬的人。接着讲解"经营十二条"的原理原则。这还是闻所未闻的。

稻盛先生领导编制《日航哲学》四十条，用哲学来改变员工的意识；用阿米巴来改变日航的官僚型组织。这些都是闻所未闻的。

而且这个过程几乎"一气呵成"。巨型企业日航不仅因此迅速恢复生机，并且成了可持续发展的高收益体质的企业。

这样的结果出乎所有人的意料，不仅企业经营者，整个社会都不能不刮目相看。

稻盛哲学都是理所当然的"大白话"，分部门核算的阿米巴模式也不复杂。换言之，稻盛的成功模式可以复制，它不分行业，不分国界，不分时代，也不需要领导者拥有特殊的天赋。就是说，稻盛哲学具备普遍性，这一点极其重要。

事实上，包括中国在内，全世界正在认真学习和实践稻盛哲学的"盛和塾"的企业家人数已经超过 9000 人。这是人类企业经营历史上独一无二的现象。而且在这 9000 多家企业中，有不少企业已经在某种程度上成功地复制了稻盛的模式。不过成功的条件是：领导者需要有"利他之心"，需要以身作则，全身心地投入事业。

领导者率先垂范

2013年3月末，稻盛先生谢绝日航的挽留，急流勇退，正式从日航引退，并笑称这是"好汉的美学"。

当年5月，我有幸应稻盛先生的邀请，同100多位盛和塾塾生一起，跟随稻盛先生赴巴西，参加"巴西盛和塾"成立二十周年的"塾长例会"。5月9日在巴西，同稻盛先生一起用早餐时，我向稻盛先生提出了一个问题：

"现在日航重建成功了。但成功的原因众说纷纭，有人认为是稻盛先生个人的魅力；有人认为是稻盛哲学发挥了作用；有人认为分部门核算的阿米巴体制特别重要；当然也有人认为外部原因，即国家的优惠政策最重要。就内部来说，企业盛衰最主要的原因究竟是领导者的威望，还是指导思想，抑或是体制结构？这三者中哪项最重要？"

领导者、哲学、体制三者当然密不可分，但三者中哪个最重要？不限于一个企业，对国家而言，这也是一个争论不休的问题。

稻盛先生的回答稍稍出乎我的意料。他说："主要是我让日航的干部员工们感动了。我已经 80 岁高龄了，身为航空业的外行，不取一分报酬，没有私利，原来与日航也没有任何瓜葛，冒着'晚节不保'的风险，鞭策这把老骨头，全身全灵地投入日航的重建。看到像他们的父亲、爷爷一样年龄的人，为了他们的幸福拼命工作的样子，日航的员工们感动了，他们觉得'自己不更加努力可不行啊！'由于日航全体员工团结奋斗，不断改革改进，日航重建才获得了成功。"

就是说，领导者率先垂范，他创造和倡导的经营哲学和管理模式方才大显身手。

稻盛哲学成功拯救日航，这一事件中隐含着重大的意义。

首先，稻盛进入日航后并没有传授什么"科学"的管理方法，日航更没有条件引进任何先进的技术设施、设备。

当时，日本舆论普遍认为，日航不仅巨额负债 23000 亿日元，而且日航"比衙门还要衙门"，内部四分五裂，工会有八个之多。日航已经病入膏肓，在这个官僚和工会交织的企业里，没有稻盛的用武之地，没有所谓稻盛哲学发挥作用的前提。派一个 78 岁的老人，又是外行去重建日航，简直是乱弹琴，是"领导者选错了""日航二次破产必至"！

日本的社会精英们连篇累牍，但他们列举大量事实所做的"科学的分析"，被现实击得粉碎。为什么？因为他们只懂所谓的"科学"，而不懂哲学是什么。

还在十多年前，在《稻盛和夫的哲学》一书"关于科学"一章中，稻盛先生就指出："现代社会，只重视科学，只习惯于用科学去解释事物。'为了人类变得更好，为了创建更理想的社会，我们应该具备怎样的思维方式，应该建立什么样的哲学规范'，这么重大的问题却无人问津。把是否符合科学作为第一原则，仅仅局限在这一框架内思考问题，事实上是行不通的。"

稻盛先生认为，所谓"科学"，实际上，不过是针对物质文明而言的"科学"，而精神科学，即对于意识和心的研究，还远远不够。"科学甚至不能解释麻醉的机理""所谓发明、发现，只有在被证实以后才成为科学，在这以前，它属于哲学的范畴""即使已被科学证明的真理，随着科学的发展也可能被否定。因此所谓科学，不过是'现阶段所认知的范围内的事实'。它既不可能正确地解释一切事物，也不代表唯一的真实。"

这个世界并不是"科学"二字所能概括的，所谓"科学万能"，所谓"科学至上主义"，并不正确。原子弹也是科学，科学技术是一把锋利的双刃剑，同资本主义的市场经济一样，如果运用不当，如果没有明确的"哲学规范"或者正确的"道德规范"作为前提，它可能让整个人类陷入万劫不复的境地。

而稻盛和夫的哲学就是这样的"规范"，稻盛先生就是实践这种规范的榜样。从这个意义上讲，稻盛先生代表了人类的良知和睿智。

领悟哲学

如果我们细读《稻盛和夫的哲学》一书，我们不但能够理解在日航发生的奇迹，而且可能会领悟到，稻盛哲学，从小处说是拯救日航的哲学；从大处说，它其实就是"拯救人类的哲学"。

在这本书中，稻盛先生对存在，对意识和意识体，对宇宙，对造物主，对科学，对欲望，对自由，对善恶，对因果，对宗教，对死亡等等人生、社会和宇宙的重大命题，从哲学、科学、宗教三个角度交叉分析，精彩纷呈，耐人寻味。

2013 年 2 月 26 日，稻盛先生在同我们开完盛和塾北京公司的董事会会议后，招待我们用晚餐。席间，我向稻盛先生请教这么一个问题：

"对人类社会、对推动人类文明发展，影响最大的是科学、哲学和宗教。稻盛先生是科学家出身；又基于科学实验发明的新材料、新产品创办了企业，成了著名的企业家；同时稻盛先生又是哲学家；还对宗教有很深的研究，65 岁后皈依了佛门。在你看来，科学、哲学和宗教这三者之间是什么关系？"

稻盛先生的回答一针见血，他说：

"现在我们人类生活的这个文明社会，可以说都是由科学技术带来的。同时，勃兴的资本主义一度构筑了人类社会的繁荣。也就是说，科学技术的发展创造了灿烂的文明，同时，作为社会的经济系统，资本主义也曾发挥了它的功能，让人们可以过上富裕的生活。

"虽然科学技术不断发展构建了文明社会，但科学技术的发展有一个方向性的问题，就是说，科学技术是为了让人类幸福才去发展呢，还是单纯地出于兴趣，因为稀奇、稀罕才去研究呢？比如，人们发现了原子能，很有趣，可以产生巨大的能量。如果是在谋求人类幸福这一哲学的基础之上，开发原子能当然很好，然而，如果与此目的背道而驰，朝着开发原子弹的方向发展，或许就会导致人类的破灭。

"同时，资本主义的经济体制营造了当今社会的繁荣。但是，在这个体制中，'只要自己赚钱就好'的利己主义膨胀，正如在雷曼兄弟公司破产中表现出来的，那些私欲贪婪的资本家聚集在一起，为了自己的私利，为了少数人、少数资本家个人发财暴富，不择手段，带来了世界性的灾难。现在中国也出现了这种倾向，这样下去贫富差距会越来越悬殊，社会也将会产生混乱。

"因此，在企业运营中，必须由哲学来指明方向，也就是说，为了人类全体的幸福，个人要努力抑制自己的欲望。

"所以，无论科学技术的发展，还是经济的发展，加进还是摒弃'利他'这一思想哲学的元素，结果都将会迥然不同。"

关于宗教，稻盛先生说：因为自小受到佛教思想的熏陶，就和佛教有了缘分。如果自己小时候是受基督教的影响，或许后来就成了基督徒。

稻盛先生说道："无论什么宗教，虽然各不相同，但它们倡导的真理本质上是相同的。然而，在宗教徒中，有一些思想偏执之人，他们只拥戴自己的宗教，而排斥其他宗教。本来，在拯救人类这一点上，各种宗教是相通的，但宗教之间的对立往往造成悲剧。另外，即使是佛教，在日本就有许多宗派，有净土真宗、禅宗等，它们互相对立。释迦牟尼教导的真理只有一个，但一旦出现派阀，就会把派阀的利益放在前面，势必引起纷争。基督教也有许多分支，新教、旧教，争执不休。因为宗派林立，宗教的根本教义反而被忽视，为了维护自己的宗派，人们变得狭隘和偏激。本来同根同宗，根本目的都一样，各种教派之间理应和睦共处。之所以对立争斗，是那里的统治者变坏了。"

稻盛先生的解答直指事物的本质核心。下面谈一谈稻盛哲学的四个特点和稻盛先生的五种身份。

稻盛哲学的四个特点

与其他哲学相比，我认为稻盛哲学有如下四个明显的特点。

·简朴性

稻盛刚刚创业时，28 名员工中大多数是高中学历。稻盛要用他们听得懂的语言给他们讲哲学，让他们理解、接受，并与他们一起实践。说到哲学，让人觉得它是深奥抽象的学问，是少数学者专家的事，但稻盛善于用朴实的语言表达深刻的思想。稻盛哲学没有任何难懂的哲学术语，它深入浅出，却又有感动和召唤人心的力量。

· **实践性**

稻盛与以往的哲学家不同，因为他是科学家出身，年轻时就有重要的发明创造，而且 27 岁就创办了企业。因为这种哲学来自亲身实践，包括开发新材料、新产品的科学实践和经营企业的实践，当然也包括生活实践。从实践中来的哲学，又要反过来指导经营实践，使事业获得巨大发展。而经营实践又使哲学不断丰富。这种从实践到理论，又从理论到实践的、紧密的、反复的循环，使实践与理论、经营与哲学达到了高度的平衡，完美的统一。

· **道德性**

就一般概念来说，哲学是哲学，道德是道德，两者虽有联系却分别属于不同的范畴。但稻盛哲学把道德放入哲学，以"作为人，何谓正确"，也就是以"利他之心"思考、判断和行动作为稻盛哲学的核心。这在其他哲学中是极为罕见的。

·辩证性

稻盛哲学强调兼备事物的两极，比如利己与利他、大善与小善、大胆与小心、慈悲心与斗争心、大家族主义与市场竞争主义等；又如，经营者对员工既要关心爱护又要严格要求，两者要高度平衡。这是每天的工作中都面临的课题。

因为这四个特点，可以说，稻盛哲学最接近天理良知，最围绕实际，最触动人心，也最具备普遍的适用性。

稻盛先生的五种身份

同时，稻盛先生集科学家、企业家、哲学家、宗教家、慈善家这五家于一身，这个事实在哲学上意味深长。

·科学家

稻盛先生 25 岁时就发明了"镁橄榄石"这一陶瓷领域内划时代的新材料，作为耐高频、高压、高温的优质绝缘材料，作为集成电路的基板，它为推动电视机、计算机、手机等电子产品的发展立下了汗马功劳。他和他的团队创造了"又一个新石器时代"，在广泛的领域内都具备尖端的技术。

科学技术方面的发明创造，就是追究"对象事物内部包含的真理"。从这个意义上讲，稻盛先生必须是，而且事实上他也是，一个高度的现实主义者，或者说是一个高度的唯物主义者。

・企业家

稻盛先生赤手空拳创建了京瓷和 KDDI 两家世界 500 强企业，又以惊人的速度挽救了曾是世界 500 强之一的日航。另外，曾是他的"盛和塾"塾生的孙正义先生创办的软银集团也成了世界 500 强之一。而且京瓷创办近 55 年来、KDDI 创办近 30 年来从未出现过一次亏损。

・哲学家

企业经营也是一个高度现实的领域。企业经营者必须不断地对面临的经营课题做出正确的判断。不管过去多么辉煌，一旦在重大问题上判断失误，企业很可能瞬间破产。稻盛先生是企业竞争中的常胜将军，稻盛先生信奉科学合理的思考方式，他创建了缜密的会计七原则和精致的阿米巴经营模式，同时他又兼备关爱他人的慈悲之心和不惧任何困难的燃烧的斗魂。从这个意义上讲，用我们的话来说，稻盛先生不仅是"实事求是"

六项精进

的模范，而且是一位"无所畏惧的、彻底的唯物主义者"。

稻盛先生在拼命工作的同时还在拼命思考。凡有触动他、打动他的事情，不管是好是坏，他都不会轻易放过，而会思考这些事情中包含的意义，并从正面将它揭示出来。稻盛先生喜欢深思熟虑，善于从复杂的现象中抓住事物的本质，善于将重要的思想用简明的语言表述出来。他将自己科学实验的经验、企业经营的经验以及人生经验上升到哲学的高度，再反过来指导工作、指导经营和人生，并取得了卓越的成功，发挥了所谓"意识对存在、理论对实践的巨大的反作用"。从这个意义上讲，稻盛先生又堪称是一位精通辩证唯物主义的哲学大师。

・宗教家

稻盛先生还是一位宗教家。他在 6 岁时，曾接受过"隐蔽念佛"的净土宗僧人的教诲，70 多年来"感谢"二字随时随地脱口而出。

13 岁时患肺结核，在面临死神威胁的时候，他读到了《生命的实相》这本佛教色彩浓厚的书，懂得并相信了"我们内心描绘的事物，会通过现象在我们周围显现"，也就是"境由心造""相由心生""善念生善果，恶念结恶果"的因果法则。他将"为社会、为世人做贡献"作为"善念"的最高境界，终身实践。

65 岁时，被圆福寺西片担雪长老的人格魅力吸引，同时希望通过禅宗的修行进一步提升自己的心性，稻盛先生剃度出家，皈依佛门。

稻盛先生相信推动森罗万象生长发展的"宇宙的意志"，相信宇宙的意志就是"利他"，就是"真善美"，这就是一切事物的本源。他相信人生的价值就在于顺应"宇宙的意志"，为社会、为世人做贡献，同时相信顺应"宇宙的意志"事业就能成功，人生就能幸福。

稻盛先生相信人的意识不仅是脑细胞作用的产物，他认为，相对于肉体而言，人还有精神或称灵魂，又称"意识体"。稻盛先生说："在宇宙的意志之上，加上过去世代造就的人格，再加上现世积累的经验，三者的综合，我称之为意识体。"而所谓死亡，只是肉体的消灭，而"意识体"在某种意义上将得以流传。而人生在世的目的就是净化这个"意识体"，也就是磨炼灵魂，提升心性。

· 慈善家

稻盛先生还是一位慈善家。京瓷公司创立后第一年就盈利，从此开始，稻盛先生就带领全体员工捐钱救济穷人。京瓷公司上市后，稻盛先生又拿出自己绝大部分财产设立稻盛财团，创建"京都奖"（被称为亚洲的诺贝尔奖），从事各种慈善活动。而他个人的生活极其俭朴。

暂且将慈善家搁在一边，科学家、企业家、哲学家、宗教家，这四个家在稻盛先生的身上是如何统一和融合的呢？2013年10月13日在四川成都，中央电视台经济频道主持人向稻盛先生提出了这个问题。这同时也是我的问题。

稻盛先生回答说："或许我还没有达到统一、融合的境界。我学习哲学知识，也学了一点宗教教义，作为研究员开展研究，作为技术员开发新技术，作为经营者从事企业经营，所有这些，我想可以集中到一点，我刚才已经讲过，我年轻时，在从事研究的时候，实验中出现的现象会告诉我什么呢？如果想要看破现象中包含的真实、真理，那么，不把自己的心放空，自己的心灵不处于纯净的状态，实验中的现象就不肯告诉我真理。以这样的经验为基础，我开始建立自己的哲学。我认为，作为研究员、作为技术员追求真理，同追求哲学的真理、同通过宗教修行追求真理，没有任何区别，都可以收敛到相同的一点。说这些，似乎我很了不起，其实不管在哪个领域，我都没有达至顶点，但是我意识到了，一切事物都可以归结到一点。这是根本性的真理。"

科学实验和企业经营都要求"实事求是"。"实事"是指客观存在的事实或现象，所谓"是"就是事实或现象中包含的真理、真相或叫规律。"求"就是去追求。但能不能"求"到这个"是"，却与追求者的心是否纯粹有关。"心纯见真"——所有科学家、企业家、哲学家乃至高僧大德的成功都可以归结到这一点。这是根本性的真理。

认识事物的主体是人的心，强烈的利己欲望会扭曲人心，那么真相在他的心中也是扭曲的，就是说，他看不见真相，甚至不愿意正视真相。这样的人难以成功，特别是难以持续成功。

稻盛先生谦虚地说："在哪个领域，我都没有达至顶点。"但是像稻盛先生一样，意识到"心纯才能见真"这一根本性真理，并付诸实践，在科学、经营、哲学和宗教修行几方面，全都成效卓著的人，古今东西能有几位？

以利他之心感受幸福

大家好！我是南宁盛和塾的何超，是广西荣代口腔的创始人，今天有机会在这里向大家汇报与稻盛经营学相遇后，我的心境以及企业经营的变化，我深感荣幸，衷心感谢大会组委会给我这次学习的机会。[1]

我加入盛和塾仅仅三年，但通过浸泡式的学习和大胆践行阿米巴经营，建立了明确的经营理念和会计管理体系，使得创建26年的荣代口腔走出了迷茫期，重新焕发出敢为人先的青春活力；全体员工相互信赖、彼此成就，患者的满意度有了明显的提高，我的格局和境界得到提升，我的家庭也变得更加和谐美满。

我今天发表的主题是《以利他之心感受幸福》，请塾友们批评指正。

---

[1]　本节由盛和塾（南宁）塾生、广西荣代口腔企业管理咨询有限责任公司何超2019年的演讲汇编而成。

创业缘起

我出生于广西壮族自治区靖西县[1]的一个农村大家庭，父母都是农民，兄弟姐妹七人，我排行第六。小时候家里穷，经常吃不饱饭，还要整天干农活和家务，但是一家人相濡以沫，其乐融融。父亲是村里的"干部"，为了村民过上好日子时常四处奔走，很受村民的尊重与爱戴；父亲非常重视教育，把七个孩子都送到学校，为了让我们兄弟姐妹完成学业，还不惜向银行贷款。

1990年7月，我从广西医科大学口腔医学院毕业，主动要求分配回靖西县人民医院当医生，一年后与相恋5年的女友结婚了。由于父母日趋老迈，家里还欠着银行贷款，又因综合医院的口腔科不被重视，设备简陋，难于发挥和提高自己的医术，我便在儿子出生两个多月后，于1993年2月28日向医院提交辞职申请。

当我将辞职报告交给老主任时，老主任脸上惊讶、惋惜的表情至今在我的脑海里仍然清晰可见，我也有很多不舍，也不知道迈出这一步之后将面临什么，但为了责任和梦想，为了有能力尽孝，我只能义无反顾。

---

[1] 2015年8月1日，撤销靖西县，设立县级靖西市，由广西壮族自治区直辖，百色市代管。2015年12月12日，靖西市正式挂牌。——编者注

那时，我手头只有几百元的现金，结婚时的借款也还没有还。所幸市医院里的一名同事将她所有的积蓄借给了我，一名因牙痛而与我相识的患者也解囊相助，我才有了第一笔创业资金。

1993 年 4 月 13 日，我用两位恩人资助的钱开办了一家口腔诊所，刚开始只有我一名工作人员，因为我技术过硬又用心服务，开业不久便患者盈门了，每天早上诊所还没开门就有人排队等候。半年后，诊所便增加了一名医生；两年后我就把自己借的钱还上了；三年后，我把家里的债务也还清了，并在市中心购买了一栋小楼用于经营和家住，把父母都接到城里安享晚年，对家里的兄弟姐妹也竭尽所能地去帮助他们。在父亲的协助下，我还先后资助了几十名农村子弟上了大学。

创业之初的前十年里，我基本上都是白天开诊营业，晚上制作假牙，每天工作大约 15 小时，每年工作 360 天，用真诚的服务和优良的医术让患者满意而归，不觉得有什么辛苦；看着逐渐壮大的团队，看着日渐增多的存款，看着信任我的民众越来越多，我内心充满喜悦，累并快乐着！

幸福来得比我想象的还要多，我很庆幸当初自己的选择，庆幸自己生长在一个充满爱的大家庭，庆幸自己生活在一个可以做梦又可以圆梦的好时代。

小有成就之后的"忙盲茫"

2004 年至 2013 年,在我创业的第二个十年里,我先后在隆安、平果、南宁、德保、那坡、靖西等县市开设了 7 家门诊,并成立了荣代管理咨询公司,统一对 8 家诊所进行管理,员工人数增加到 150 多人。荣代成为当时广西口腔行业数一数二的标杆企业,我的工作重心也从为患者诊治转移到自己并不擅长的企业管理,同时我又被推荐担任了广西口腔医学会民营分会副会长等一些社会职务。企业规模扩大了,我的精力又分散了,企业的经营问题越来越凸显。尽管业绩还在持续提升,但团队人心不齐、患者满意度不高、企业发展乏力,有一家诊所经营了十年都没能实现盈利,荣代进入了一个发展的瓶颈期。

个人业绩提成制度,是口腔医疗行业普遍采用的管理制度,管理简单有效,荣代也一直沿用,这是团队人心不齐的主要原因。医生独立执业,治疗方案取决于医生个人的经验和能力,加之利益的驱动,是不是给患者提供了最合适的诊疗方案,难以做到一一监管。这样的管理机制既无法保障患者的利益,也不利于医疗团队的相互协作和"传帮带",医疗水平难以快速提升,人才队伍也不稳定。再加之社会上的一些不良风气,很多医护人员没有了职业的崇高感和安全感,离职率居高不下。

面对这些行业的痼疾,我如鲠在喉,但不知如何应对。为了走出困境，2013 年我高薪聘请顾问，同时组织团队的骨干人员多次到国内外学习新的技术和理念，也参加了各种各样的经营管理培训班，但收效甚微，不能从根本上解决企业的问题。组织的分工、人员的选育用留、医疗质量的管控，都涉及薪酬分配制度的改革，牵一发而动全身，都需要我去学习并做出决断，但判断的依据是什么？我根本拎不清，我不是一个合格的经营者。

发现企业生病了，但开不出有效的药方，没有人可以分担经营上的压力，我越来越觉得自己如笼中之鸟，陷入忙乱、盲目、茫然的状态。这样的沮丧和焦虑就如同一块大石沉甸甸地压在我的身上，让我寝食难安，身体免疫力也受到极大的损害。2016 年年初，我被带状疱疹病毒击垮了，左眼剧痛无比，险些失明，幸亏得到及时医治，但直到现在患病的区域时常还会出现麻痛的感觉。

喜遇稻盛经营学

经营困顿之际，经友人推荐我买了一本《京瓷哲学》，一看就入了迷，对稻盛先生的经营理念和经营体系大为叹服，就如同漫漫长夜中看到了启明星，看到了走出困境的曙光。我不仅自己反复研读，还一口气买了 50 本《京瓷哲学》，逢人就讲稻盛，他们感兴趣时就把书送给他们。

2016 年 12 月，南宁盛和塾成立了，我和太太都成了塾生。我们如饥似渴地反复研读塾长的著作和影像资料，更是有一种如获至宝、相见恨晚的感觉，深信可以用稻盛经营学来指引自己的工作和人生，多次和家人说要把塾长当作自己的人生之师。

2017 年是我狂热学习稻盛经营学的一年，是不断反省、内心逐渐清澈、逐渐笃定的一年。塾长的所有图书与讲话视频，我都反复研读，盛和塾每天的打卡学习，每月的线下学习会，每季的组委会，我从未缺席；南宁盛和塾年会，中国盛和塾企业经营报告会、盛和塾世界大会、盛和塾组织的各种讲座也都组织员工参加。

一年浸泡式的学习，对照着塾长的教导，我不断反省内察，找到经营陷入困境无法自拔的主要原因，起初认为企业发展乏力是因为员工心性不高、能力不强，后来却发现最本质的问题是自己的私心作祟。当小有成就之后，我生起了傲慢心，急于求成，好大喜功，忘却了当年学医的目的，忘了创业时的"责任和梦想"；只强调技术的优势、设备的优势，忙于制定发展规划、修订各种管理制度，却没有深入现场，没有关注"人心的经营"，更没能像塾长一样确定经营企业的大义名分，导致团队怨气、戾气日渐增多，企业越来越不是自己内心喜欢的模样。

在塾长的影音资料和图书中，我不仅找到了企业的病因，还找到了对症下药的良方，那就是与全体员工一起，明确企业的经营是"为了全体员工的物质幸福与精神幸福"，建立以部门为单位进行核算的会计管理体系，摒弃个人绩效制度，实行大家族主义和实力主义相结合的人才培养考核机制。同时，我还明白，药到病除需要越过三道关卡：一是家庭关，二是元老关，三是能力关。

为了得到家人的充分理解和支持，我与太太一同参加盛和塾世界大会，还让当时正在国外留学的儿子也参加了塾长季度例会，现场聆听塾长的教导，亲身感受利他哲学的伟大力量，性格外向奔放的太太在现场更是热泪盈眶。

我的太太在经营发表会的晚宴上争取到了与塾长握手的机会；儿子和我一样，性格比较内向、腼腆，但他的运气很好，在塾长例会上也有了与塾长合影的机会，他们都以此为荣。现在，我们家的客厅里就挂着他们与塾长的合影，每天看着塾长慈祥的面容，全家人都立志一定要做塾长的好学生，每天要精进、感恩、反省、利他。经过充分的沟通，全家人都愿意舍弃个人利益，支持把位于南宁市中心区域的一栋 2000 多万元的房产和我名下 51% 的分红权作为全体荣代人第一笔共同的发展资金，先让全体员工看到我们利他的态度和决心。

同时，我也多次召集创业的元老们分析荣代各种问题背后的根源，解答他们的疑虑，让大家意识到如果不进行改革，荣代将无未来可言，得到了核心骨干的认可和接受。

至于推进稻盛经营学的"能力关"，当时我是最没有底气的，只是确信一条，只要行动就必定有收获，按照《活法》这么活，按照《干法》这么干，就一定能成功。

知不易，行更难

"众里寻他千百度，蓦然回首，那人却在，灯火阑珊处。"这是我喜遇稻盛经营学之后内心的真实写照。我深信利他哲学和阿米巴经营是个宝，是荣代走向未来的必由之路，但如何用好这个宝，内心确实是忐忑不安。

2017 年 7 月，在加入盛和塾学习半年之后，我先在平果门诊进行试点，取消医生个人提成制度。这一颠覆行业常规的举措，遭到了个别医生的强烈抵触，他们提出了辞职，其中包括我曾经寄予厚望的年轻才俊。当然，大多数医生、护士对此是支持的，因为他们从心底里认可，医生就当以医德为重，以提高医疗技术、解除患者病痛为己任，尤其是当看到患者满意度、团队工作效率都有明显提高的时候，他们就更加积极参与了。2017 年，荣代的第三季度业绩同比增长 33.06%。但由于习惯于绩效思维，我也不知道如何评价考核，大家思想出现混乱，荣代第四季度的增长率下滑到 3.06%。

原本在荣代内部推行学习稻盛经营学时，内部质疑声就一直没有断过，当看到团队的业绩波动时，一些元老就担心地说："在日本适用的东西，在中国未必合适！"还有人善意地提醒要吸取"大锅饭"的教训，但因我有稻盛经营学撑腰，内心没有一丝一毫的动摇，只是再三告诫自己不能操之过急，要以"无私"的发心和"垂直攀登"的意志直面挑战。

正当改革试点遭遇困难，人心最为动荡的时候，2017 年 10 月，藤井敏辉老师到南宁讲授"京瓷人才培养制度"，并给学员演练了具体的操作方法，让我豁然开朗，对经营的原理原则的理解更加清晰了，增强了继续推行改革的信心。2017 年 12 月，那家经营了 10 年都不能盈利的诊所被我关停了，对员工做了妥善的安排。

回归初心建体系，数字经营好扬帆

2018年1月，我特意选择在前一年度改革动作最大的平果门诊召开年会。会上，我向大家展示了从藤井敏辉老师那里学来的京瓷人才评价制度和福利制度，还安排平果门诊的负责人介绍了改革的经验与感受，并向全体员工承诺，2018年所有的门诊全面取消医生个人提成的绩效制度后，就算业绩负增长，哪怕股东没有分红，哪怕借钱发工资，我也要保证大家收入不降低，先给大家吃下定心丸。

学习稻盛哲学坚持一年多了，方向确定了，但如何循序渐进地推进呢？我并没有制订详细的计划书，也做不出来，心想如有一个先行者做顾问，一定可以事半功倍。

正如塾长所说的"有意注意"，当我明确了要全面践行稻盛经营学的时候，有幸结识了林国华老师，"哲学与实学是一体两面，经营理念哲学化、经营哲学数字化是利他经营学落地的突破口"。与老师的交谈让我的内心更加笃定，我意识到我找到了适合自己的顾问老师。

2018年5月7日，全体荣代人在林老师的引导下一起填写"初心见证表"，一起回答了"你是一个什么样的人？你为什么到荣代工作？你要成为一个什么样的人？"这三个问题，以此作为企业导入阿米巴经营的开始。

由于之前一年多的时间里，每天晨会全员诵读《活法》和《京瓷哲学》，大会小会上反复宣讲稻盛经营学，大家对于"什么才是有意义的人生？工作的意义到底是什么？"都有了思考和理解，"初心见证表"的填写得到了积极的响应。再经过几轮的反复讨论，全体荣代人共同确定了荣代的使命、愿景、司训，以及《荣代哲学手册》。

荣代使命：让员工幸福、让顾客满意的同时，为人类健康和社
 会进步做贡献。
荣代愿景：做最具幸福感的口腔企业。
荣代司训：医者仁心，感恩利他。

当工作的目的和意义明确了之后，荣代人进入了"不忘初心，拥抱变化"的新时代。在整个项目学习导入的过程中，所有工作都围绕着荣代使命进行，三年战略规划、组织构建、年度经营计划、单位时间核算表的核心内容和执行规则，都由项目组集体讨论决定。我虽然全程参与，经常陪着项目组加班到三更半夜，但从未以自己的好恶来做决定，这让全体员工有了当家做主的意识；人心的唤醒让我看见了"全员参与、万众一心"所蕴含的巨大潜能，对塾长创造利他哲学与阿米巴经营愈发敬佩和感恩。

慢慢地，大家养成了"会前必讲哲学，谈事必讲数字"的习惯，模糊的愿景变成了清晰的数字目标，哲学手册的条款变成了言出必行的实际行动，"经营就是培养人才"这一理念也变成了现实。经营管理部还激发团队相互帮助又相互比拼，将职场变成教练场、赛场、磨炼心性的道场。

在经营的过程中，全员的责任意识提高最为明显，之前是听话照做，结果达成与否和自己无关，现在是由自己制定目标，如果医疗质量、顾客满意度、财务数据没有实现预定的数值，"言出必行表"没有说到做到，就等同于言而无信，没有"为伙伴尽力"，自己就要主动想办法解决。团队意识、使命感、荣誉感、成就感也得到很大的强化，以前是一个人为自己在努力，现在是一群人基于同样的使命，为共同的数字目标去奋斗，不是看你挣了多少钱，而是看你帮助了多少人；而且困难时有人帮忙分担，成功时有人共分享；每天工作就如同比赛，工作的过程就是成长的过程。很多员工说，阿米巴经营真好，每天过得很充实。

不知道从什么时候开始，荣代的孕妇都是提前几个月休假待产的，推行阿米巴经营后却有好几位年轻的"准妈妈"，一直工作到临产前的一天。有两个"90后"的小女生，家境殷实，却也早出晚归，认认真真地做一份起薪不高的行政客服工作；问她们工作的动力是什么，她们都说："工作能帮助患者、帮助伙伴啊，还能看到自己的贡献、自己的进步，可以感受工作的意义和价值，一个人待着多无聊。"

随着阿米巴经营的基因工程、系统工程、定制化工程的有序导入，《荣代哲学手册》与"单位时间核算表"成为推动荣代发展的双引擎，共同推动企业的经营不断优化，尤其是在医疗质量、患者服务、员工成长这三个方面都有了根本性的改变。一批年轻的门诊管理者脱颖而出，资深员工乐于"传帮带"，年轻医护人员的进步速度比之前快了3倍左右。这一切又以数字的结果呈现出来，同时数据又催生大家关注经营的过程，并不断改善，乐此不疲。原本心中疑虑最多的技术骨干也被利他哲学的魅力折服，心悦诚服地成为体系建设的中坚力量，极大地夯实了荣代发展的根基。塾长所说的"哲学数字化""用数字指导经营""经营就是培养人才"，正在荣代逐步变成可以感知的事实，久违的自豪感又洋溢在每个人的脸上。

哲学的实践改变了人的思维方式和行为方式，自然就会带来经营结果的改变。2018年，在核心医疗团队因项目学习而导致临床时间减少12%的前提下，公司全年业绩保持18%的增长，员工收入平均增长了20%。2019年1—8月，各门诊服务的患者数量增长23%，治疗完成率提高了55%，业绩同比增长42%，利润同比增长40%；员工幸福指数、患者满意度、医疗质量、财务指标都有明显提高，取得了超越预期的好成绩，员工们都享受着当家做主的自豪感和成就感，再没有人对稻盛经营学提出质疑了。

优秀的企业文化还产生了神奇的感召力，由于资本介入医疗市场，行业内其他企业普遍抱怨人才难招，但荣代却是逆势而行，2019 年上半年，有 3 个前几年辞职的医生又申请回归荣代，新入职的医生达到 9 名，新入职的护士及客服达到 10 名，荣代的员工达到两百多名，还有一些应聘者正在等待适合的岗位。

最让我感到欣慰的是，利他哲学还给我的大家庭带来了久违的温馨与快乐。企业的主要创业元老，大多是我父母家与太太家的亲戚，尽管我一直也想一碗水端平，但因之前没有明确的原理原则可以遵循，大家的心中难免会产生厚此薄彼的猜疑。这就导致在不知不觉中，家人的物质生活变得相对富足了，心却疏远了。正是阿米巴经营的导入，让利他哲学成为荣代人的行为指南，这也影响到各自的家属成员，做事和判断都有了正确的原理原则，原先相互猜忌的家庭成员也敞开了心扉，自我反省，重构了信任，真正成为亲密无间的一家人，并对实行大家族主义和水库式经营充满热情和期待。

医者仁心，良医有道

"有时，是治愈；经常，是帮助；总是，去抚慰。"这首由特鲁多医生所做的小诗阐释了医学的最大价值不是治疗，而是安慰和帮助。

荣代口腔具有医疗的属性，也具备商业的属性。利他哲学的建立让荣代毅然决然地取消了个人绩效制度，也让荣代的经营模式从"重治疗、轻预防"的利己模式转化为"预防为主、防治结合"的利他模式，同时还要努力成为高收益体质的企业，为人类健康和社会进步做出贡献。

2019 年 5 月，在荣代口腔，每一个门诊都投入人力、物力增设"口腔护理中心"，把每一位患者都当作自己的亲人，大力推广口腔健康科普活动，努力实现"零蛀牙、零掉牙"的健康目标，5 年内要让预防保健的业务占比从 5% 提高到 20% 以上。同时，荣代积极推动口腔医生多学科的分工与合作，实行"一站式服务"，这样既能减少患者诊疗次数、节省时间成本，还能提高医疗质量、提高经营效益。我们希望，在做好自身经营的同时，带动行业一同发展，积极投身于公益事业，共同推动社会的进步和发展。

源于哲学和数字，见于现场和心态，成于流程和制度，这是

"医者仁心、良医有道"的基础，是荣代经营体系不断优化的核心内容。尽管荣代的人才培养体系、评价体系、福利体系等很多细节还需要完善；但我确信，荣代人已经找到了工作的意义，也已经迈上了通往幸福的高速路，不再迷茫，不再困惑。只要领导者率先垂范，全神贯注于一事一业，精益求精，言行一致，坚持不懈，"让员工幸福、让顾客满意的同时，为人类健康和社会进步做贡献"的荣代使命就必定得到践行，"做最具幸福感的口腔企业"的荣代愿景必定能够实现。

回顾加入盛和塾的这几年，我感慨万千，没有阿米巴，就没有"全员参与、万众一心"的新荣代；如果没有盛和塾这个学习平台，我一定还在迷茫中焦虑地徘徊，甚至是堕入万劫不复的境地，一定没有今天的喜悦和笃定。

衷心感谢稻盛塾长的引领！是塾长的教导让我恢复了青春活力，改变了我的企业和家庭，衷心祝愿塾长身体健康！衷心感谢曹岫云老师把盛和塾引入中国，衷心感谢一直陪伴我、支持我的家人和同事，还有帮助我走出经营困境的几位老师，以及一起在盛和塾里共同修行的各位灵魂之友，感谢大家！我的发表到此结束！

曹岫云点评

心变一切皆变

在中国的口腔行业乃至整个医疗行业，稻盛哲学和阿米巴经营双管齐下，开花结果，取得明显成效，而且成效不断持续的企业，据我所知，广西荣代乃是首屈一指。

境由心造

作为一名牙科医生，何超很优秀，作为口腔诊所所长他很成功，但当诊所扩大到 7 家，人员增加到 150 人，成为一位企业经营者时，他便感觉捉襟见肘，管不过来。特别是因为企业采用行业通行的个人业绩提成制，导致人心离散，人员流失，效益滑坡，矛盾百出。为了解决问题，企业花了不少钱，聘请顾问，到处学习取经，参加各种培训班，进行各种改革，制定各种制度、计划规划，在人才、技术、设备等方面下了不少功夫，一切能想到的办法都试过了，问题还是没有解决，也没有任何解决的线索。何超因此陷入了迷茫，焦虑不安，心力交瘁，乃至免疫力下降，左眼剧痛，险些失明……

在困顿沮丧之际，他有缘接触稻盛哲学，犹如久旱逢甘雨，他一头扎进去，狂热学习，拼命吸收，在企业中贯彻实行。仅仅两年多的时间，正如何超报告中所说，企业重新焕发活力，业绩欣欣向荣，蒸蒸日上。那么，在这两年多里，荣代变化的根源是什么呢？

诊所还是那些诊所，设备还是那些设备，医生基本上还是那些医生，并没有特别突出的人才加入，技术也谈不上有什么质的飞跃。何超本人的努力程度、能力水平，没有也不可能有根本性的变化。

变化的仅仅是以何超为首的荣代全体员工的"心"。境由心造，只要心变，一切都变。

个人业绩提成制度，针对"干好干坏一个样"的"大锅饭"体制是一个进步，对工作效率、企业效益的提升起到一定的促进作用。但是，用金钱来刺激和笼络人心的制度，副作用极大，不可能带来企业的持续发展。这一点何超在报告中做了很好的分析。通过试点，他断然取消这一制度，鲜明地揭示荣代的企业使命：追求员工幸福和顾客满意，为人类健康和社会进步做出贡献。

何超率先垂范，殚精竭虑，在全体员工中渗透这个使命，加上从这一使命出发的种种得力措施，企业出现了新气象：离职医生回流了；本来提前几个月休假待产的孕妇们一直工作到临产的前一天；家境殷实的小女生乐于做一份起薪不高的客服工作等。特别是作为经营者的何超，心里笃定了，家庭也更幸福了。大家齐心协力，结果就是：企业效益显著提升，员工收入水涨船高，大幅提高。

人心从个人的收入提升，转向为大家谋幸福，换句话说，人心从利己转向利他。就这一点，仅仅是这一点，促使荣代在短短的两年多中，发生了戏剧性的变化。

心为何可变

何超为什么会对稻盛哲学一见钟情？何超的父亲是很受村民爱戴的农村基层干部。何超事业初见成效，便赶紧孝敬父母，照顾兄弟姐妹。由此可见，他本来就很有利他之心。

同许多成功人士一样，事业发展了，何超也滋生了傲慢之心。傲慢是很大的私心，说它是万恶之源也不为过。

本来，谦虚心和傲慢心，良心和私心，或者用利他心和利己心来表述吧，这两种心在我们每个人的心中同居。人在无意识状态下，往往是利己心占上风，就是说，遇事首先考虑对自己是否有利，自己是否有面子。在这种心态下，人就容易做出错误的判断，导致不好的结果。

稻盛哲学的精髓就是"提高心性"。所谓提高心性，就是抑制利己心，让利他心出来当主人，对事情做出判断，并采取行动。

这可能吗？当然可能。稻盛在京瓷、KDDI、日航就是这么干的，而且那里的干部员工也跟着稻盛努力这么干，这才有了事业的成功。

虽然利他心和利己心，良心和私心在我们心中同居，而且私心、利己心往往还很猖獗，所谓"心中贼难破"。然而，稻盛先生认为，人心的本质不是私心，不是利己心，而是良心，是利他心。稻盛先生喜欢用"真善美"三个字来表达这个心的本质。这是我们每个人本来就具备的。稻盛先生从根本上相信这一点。

既然真善美是人心的本质特性，那么把这个本质特性发扬光大不就行了吗？用自己的真善美来激发 32000 名日航员工的真善美，这就是稻盛先生在日航做的事情，他做得非常成功。人心可以改变，仅仅一年，32000 人的心就不可思议地发生改变。荣代这两年多来实践稻盛哲学的结果，也有力地证明了这一点。真善美本来就存在于每个人的心中，尤其是医者本有仁心，把它呼唤出来就行。

心怎么改变

心怎么改变？也就是如何提高心性？何超在报告中讲得很具体，也很生动。稻盛先生在《提高心性，拓展经营》等著作中都有十分透彻的解说。

在这里，我想讲两条。

第一条，企业一把手如何提高心性，即领导者如何修行。

① "付出不亚于任何人的努力"。全身心投入工作，精益求精，乐此不疲。在这个过程中，私心杂念自然消退，这是最有效的修行。

②"要谦虚，不要骄傲"。努力工作获得成就，人就会傲慢起来，这简直是历史规律。因此，抑制住傲慢心，保持谦虚就是一项很重要的修行。

③"要每天反省"。努力想要谦虚，但还是禁不住傲慢，有时还会乱发脾气，应该坚持每天反省，不让自己变得更坏。这条修行不可或缺。

④"活着，就要感谢"。人若认真反省，意识到自己的成就和进步，是因为得益于周围人的支持和帮助，就会生出感谢之心。另外，如果把挫折和灾难看成磨炼心志、增益能耐的机会，因而由衷地说一声"谢谢"，并更加努力，就是非常卓越的修行。

⑤"积善行，思利他"。这项修行中要注意的是，"大善似无情，小善是大恶"，分清大善和小善，真正为他人好，真正利他，才是有效的修行。

⑥"不要有感性的烦恼"。实践上述五项，烦恼就会大大减少，但人毕竟是烦恼的动物，特别是遭遇失败、打击和委屈时，难免痛苦烦恼。这时，以理性抑制住烦恼，把精

六项精进

力投向新的工作，就是很好的修行。

第二条，如何提高员工的心性。

阿米巴经营是企业员工提高心性的重要平台。关于这一条，荣代做出了榜样。

值得一提的是，阿米巴咨询顾问林国华发挥的作用。林国华是一个利他心强烈的稻盛迷。他一进荣代，就要求全体荣代人都要填写"初心见证表"，一共只有三个问题：我是一个什么样的人？我想成为一个什么样的人？我为什么要在荣代工作？每位员工不但要认真填写，公开发表，而且要在阿米巴经营的每个环节上、每项工作上，不断对照，不断扪心自问，不断在大家面前用自己的语言讲出来。在这个过程中，稻盛的语言就会渐渐地变成自己的语言。"言为心声"，语言变，心就变，心变人就变，自己变，影响周围的人也变，最后组织变，企业文化变。这个办法习以为常就很奏效。

一家大的诊所有 60 多人，分成 3 个阿米巴，每个阿米巴里有医生、护士、客服等成员。大家一起制订计划，有营业额、费用、时间等数字计划，也有为达成数字计划的行动计划。阿米巴内部互相协助，群策群力，每天算账，为达成目标而努力。阿米巴与阿米巴之间互相比拼，互相激励。

过去制订计划，计算提成，是出于利己心；现在制订计划，甚至确立高目标，追逐数字，是出于利他心。从利他心出发，对顾客不仅会提供优质的医疗服务，而且会给予体贴和关怀。

为了大家的幸福，为了企业的发展，员工们在工作中追逐反映真实、体现自身价值的数字目标，这本身就是提高心性。

"一灯照隅是国宝。"在一个行业成为杰出表率的企业，可谓国宝。何超是当地口腔协会的负责人，他还打算把他的这套模式无偿地传授给其他 100 多家口腔企业。这是荣代利他之心的必然延伸。

在新冠病毒蔓延期间，口腔诊所无法营业，但荣代足额发放全员工资。过去，荣代没有将利润发光用光，实践了水库经营。稻盛应对经济危机的首要经验，就是企业要有储备。今后，荣代也将继续实践这一条。同时，不能上班，荣代就在网上展开教育训练，继续交流心得，提高心性，扩大知识，提升专业水平。荣代人蓄势待发。

稻盛经营学让我找到人生的意义

大家好！我叫郑小军，来自北京市城市副中心通州区，从事光学精密制造 39 年；是北京创思工贸有限公司的创始人，经营自己企业 21 年。我于 2016 年 12 月 2 日加入盛和塾，到今天 1059 天。非常感谢上海盛和塾给我这个机会向大家袒露我的心路历程！我今天汇报的题目是"稻盛经营学让我找到人生的意义"；接下来我会真实、坦诚、认真地进行讲述，期待得到各位灵魂之友的帮助和指正。[1]

为证明自己，走上了创业的道路

1962 年冬，我出生于北京市海淀区北蜂窝。从我母亲论，我是第五代北京人了，上有兄下有弟。我从小受到母亲自立、自

---

[1] 本节内容由盛和塾（北京）塾生、北京创思工贸有限公司总经理郑小军 2019 年的演讲汇编而成。

强、自尊、勤劳的优良品德的熏陶，以及学好数理化走遍天下都不怕的观念的影响，学习成绩一直很好。我是家里唯一的女孩，由于父母担心我考不上大学就要上山下乡，1978 年父亲亲自找到学校，强烈要求班主任批准我报考技工学校。因为上了技校就相当于有了工作，不用上山下乡了。班主任王老师，接受了父亲的请求，最后只说了一句话："郑师傅，您千万别耽误了孩子啊！"

随后，我考上了北光技校，并以优异的成绩毕业。1980 年 3 月，我被分配到北京光学仪器厂光学车间工作。1982 年，我考上了北京广播电视大学，脱产带薪学习 3 年；毕业时获得"北京市级优秀毕业生"称号；接下来担任光学工艺工程师、光学车间技术主任。

1995 年，"不安分"的我想辞职，得到了老公的支持。经光学前辈的引荐和自己工程师的专业能力，我非常顺利地应聘进入中国大恒公司光电研究所，从事光学产品海外销售工作。1996 年，我与公司领导一起第一次参加海外展会，那也是我第一次出国。

1998 年，为了证明自己的能力和实现更大的价值，我离开了大恒公司，于 2000 年注册了自己的公司，当时产品全部销往美国。

经营 18 年企业没有亏损

企业初创期，由于各方面人才缺乏，天生不服输的我住在公司长达 6 年 5 个月。我是理工科出身，对于管理一窍不通。在公司一期工程建设时，周一至周五我在公司上班，周六和周日到北京大学读 EMBA；连续半年多没有休息过一天。我相信西方的管理思想，同时我的骨子里很崇尚中国的诚、信、义，所以我用这两个方面的思想进行经营，公司十几年没有出现亏损。

2001 年 9 月 11 日，美国发生了 "9·11" 恐怖袭击事件，逐渐影响到实体经济，我们的出口订单量一路下滑；2003 年，因非典疫情，我们的业务开展一度举步维艰。面对双重危机，公司主动建设自强基因，第一届创思杯运动会应运而生；同时对外积极拓展市场，那一年我们获得了世界半导体封装领域的龙头企业、德国肖特集团及美国一家集团公司的青睐。就这样，创思度过了中小企业的死亡期，连续 5 年以超过 50% 的速度增长！

2007—2009 年，美国次贷危机席卷美国、欧盟和日本等世界主要金融市场，我们的生存形势非常严峻。为此，公司采取了双策略：对外，积极开拓欧洲市场；对内，理念统一，提升能力。

在对外业务拓展方面，我们拿着公司的内刊《思语》参加

2009 年慕尼黑 Laser World 激光展，转战欧洲多个国家积极拜访客户；在对内提升能力方面，我们采取不解雇一名员工、不降低一分钱工资的政策，开展进行一人多岗和本岗技能提升的培训和技能竞赛，同时公司全员进行主人翁精神的学习和竞赛！我们当时喊出的 24 字口号是：苦练内功、安全过冬、积蓄力量、待机而动、抓住机会、迅速扩充。全体员工以这样自强的精神努力工作，2009 年的创思业绩只降低了 10%，而 2010 年市场复苏时，68 位员工出色的表现，创思销售收入一下子增长了 136%，创思跨入了规模型企业行列！

2011 年，公司扩建厂房、上金蝶 K3 ERP 管理系统、引进德国 CNC 设备、聘请外籍人员，全面提升公司实力。2012 年，公司获得"北京市高新技术企业"称号，接下来连续 5 年以平均 12.4% 的速度增长，产品销至欧洲、美洲、亚洲；BTMT 品牌得到业界的高度认可。创思产品广泛应用于半导体、医疗、工业激光、精密检测、科学研究等高端领域。经过了十几年的深耕，创思搭建了不同地域、不同领域的稳定发展基础。

2015 年恰逢"世界光年"，伴随着科学技术的迅猛发展、世界光学产业链的重新布局和调整以及产品生命周期的缩短，光学元件超高精度化、品种多样化、交付周期紧急化，变成了世界市场对光学元件的需求趋势。2016 年，这种趋势不断变成现实，处于北京地区的创思将如何转型升级？如何保持可持续发展？似乎我过去成功的经验不灵了！新产品屡屡受挫，交付时间一次次拖延，有难度产品的重复投料不断增加，大家似乎都在努力，但客户抱怨还是出现，对此我焦虑不已！

2016 年偶遇盛和塾，开启阿米巴经营模式

2016 年 4 月 19 日，我有幸参加了北京盛和塾举办的北京和台湾两地塾生"哲学共有会"，我惊奇地发现这里上台参加论坛的企业家都带着笔记本，还会不时地在本子上记录重点；这里的企业家们都是那么朴实和真诚。这都是我在其他高端的培训课程上没有见过的。通过企业家们的真实心路历程的分享，我感觉到这次是遇见真正的企业家群体了。联想到 2015 年 11 月 8 日在中外管理官产学恳谈会上聆听过的关于阿米巴经营模式的介绍，我认为盛和塾这个组织是可以帮助我实现经营者看透企业、培养担当人才、推倒部门墙、获得高收益的企业家组织。随后，我决定于 2016 年 8 月 1 日正式启动阿米巴经营模式。

·阿米巴经营模式导入第一阶段

（2016 年 8 月 1 日—2017 年 4 月 15 日，9.5 个月）
第一阶段，公司很热闹，员工访谈、标杆企业参访、竞选践行

小组带头人、全员学习《活法》和日打卡、编写《创思哲学手册》、全员参加《六项精进》研修等，内容一项项有序展开，年底经营业绩增长 19%。转年，2017 年年初的市场形势比较好，公司业务开展的几大领域表现都不错，按照阿米巴项目计划，2017 年第一季度应该进行组织切割，但是随着订单的增加以及大家对于阿米巴经营本质的不理解，很多管理者和业务骨干跟不上节奏，出现人员不稳定和订单交付率下降的现象。这时，我不敢进行阿米巴的实质性动作，但心里着急，出现不满情绪。

· 阿米巴经营模式导入第二阶段

（2017 年 4 月 16 日—2017 年 12 月 31 日，8.5 个月）

带着心中的焦虑，我参加了 2017 年 4 月由稻盛和夫北京公司组织的回归经营原点的日本游学。曹岫云老师《日航重生》的精彩演讲让我反省和思考了很久。为了拯救日航，塾长用的是 78 岁的身躯和哲学点燃了日航 32000 名员工，让奄奄一息的日航起死回生，创造了世界航空历史的奇迹。变革取决于经营者坚强的意志，纯粹的动机就是最大的经营资源，无私忘我是第一领导力！我意识到，不是下属跟不上节奏，是哲学浮于表面，是我自以为是、疏于沟通，不信任的语言、急于求成的念头和对下属不满的情绪造成人员心态不稳。创思要想改变，只能从改变我自己开始！

回到公司后，我首先利用五一假期将日本游学期间所见所闻和感悟，做成 PPT 向全体员工分两轮进行分享，员工的心与我的心贴近了不少；之后，我又马不停蹄地去美国拜访客户，与伙伴们一道了解客户诉求和解决交付延期的问题。8 月 12 日，公司核心层员工一起参加北京《稻盛经营学企业家践行成果发表会》并做了志愿者，核心层在哲学层面达成共识！8 月 19 日，核心层员工主导在公司内举行了扫除道活动！通过 30 位新老员工的自愿报名和彻底清扫卫生间，大家一起洗涤了心灵，互相之间加深了了解和融合！8 月 20 日，我剪掉了从 2009 年留起来的长发，第一次迎接参加"六项精进"主题活动的同事们。员工们看到我就像见到了亲人，抱着我不撒手，在当晚"六项精进"现场举行的空巴[1]上，大家畅所欲言，把自己内心憋了十几年的话讲了出来。8 月 26 日，公司所有管理者到大连参加了村田老师"会计七原则"的课程。大家白天一起认真学习，晚上进行深入讨论。课程结束后，我们在酒店马上召开了创思经营实学研讨会。我将公司的家底和经营数据全部透明，收入增长情况、毛利润水平、真实净利润、现金流净额，都向大家公开了。大家在这次会议上达成充分共识，确定了阿米巴的核算规则、具体落实方案和实施的时间表！回到公司，大家按照计划有序进行，2017 年 10 月 8 日创思

---

[1] "空巴"一词来源于日语，本意类似"喝酒的聚会"，用于企业中可理解为是一种"酒话会"。

第一期阿米巴业绩报告会顺利召开了，晚上举办非常热烈的空巴。

第二阶段，我从内心真正认识到，领导者的人格和气量决定着企业的方向和体量。经过大家的努力，这一年公司销售收入增长51%，利润同步增长！

·阿米巴经营模式导入第三阶段

（2018年1月—2018年12月）

基于2017年业绩的增长，2018这一年员工每日继续学习打卡，巴长及干部们每周学习一次，我和干部们累计外出学习达到26次。4月8日，公司启动了智能制造项目，ERP升云、阿米巴日核算、APS排程，并在同年国庆节顺利上线，目前财务结账和财务分析缩短至4天，手机端可以看到各阿米巴的日核算数据，图样和检验卡已经实现无纸化。

但是随着时间的推移，我们发现经营业绩提升幅度并不大，单位小时附加价值反而有所降低，体现以客户为中心的履约率指标没有明显提升，公司内部互相抱怨的声音出现。经过认真的反省，我们认识到2017年销售收入增长51%使我们产生了错觉，我们认为自己贯彻了全局意识、全员经营、为伙伴尽力，实际上没有做到！

实际上，阿米巴经营是把外部市场的买卖机制引入企业内部，如果没有全局意识，没有公司一盘棋的大家族主义思维，阿米巴经营是发挥不了作用的，说得极端一点，公司经营有时会为了公司全局利益最大化而牺牲某个阿米巴利益；所以全局观念一定是最重要的铁律；同时公司内部是一条完整的价值链，如果没有内部客户机制，没有为下一道工序客户服务的意识，没有为伙伴尽力的哲学思想作为基础，即没有利他之心，阿米巴的鲜活机制是发挥不出作用的。

根据公司连续 5 年的经营数据，2018 年的利润率是有所下降的。骄人的业绩数据背后一定是钢铁般的团队和哲学共有！我们认识到哲学共有不仅仅是每天学习的打卡分享和学习的知识，还应该是把知识应用在每天的持续改善中。

北京创思工贸有限公司的经营数据

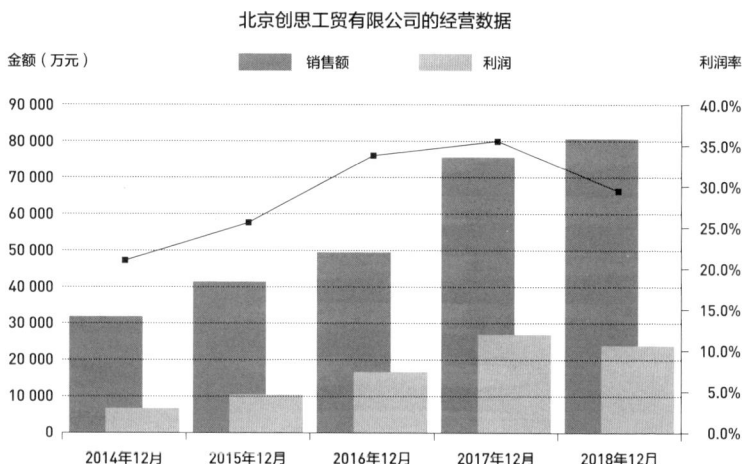

金额（万元）　　销售额　　利润　　利润率

·深入学习和践行，阿米巴经营模式导入第四阶段

（2019 年 1 月至今）

企业最大的成本，就是认知不一致、学习不深入、哲学不共有、价值观不统一。2019 年，我们进入深入学习稻盛经营学与工作实际紧密结合的阶段，将每日打卡升级为多个旋涡中心的家书传递，将"六项精进"转化成结合企业实际的"企业版六项精进"，并且每天早晨背诵，公司干部和骨干一起到四川行知学校学习，达成价值观的统一，并到金夫人、红旗渠、胖东来、海底捞、山东豪迈游学，找差距制定改善方案，每月总结闭环。我与大家一道拜访客户、主动解决困扰客户的问题。我们深信市场景气不是别人给的，是自己创造的。只有创造出顾客无论如何都想买的产品，企业就成功了！

2020 年，面对市场需求下滑、销售收入下降的现状，我们认为这正是企业成长的机遇。公司承诺：订单量下降，大家的收入水平不降。我们要让创思成为员工幸福、客户感动的百年企业。同时，公司按照北京市智能 100 标杆企业的标准，加大研发的投入力度，提升综合能力。7 月 25 日，在公司下半年的誓师大会上，我坐在员工中间第一次没有用 PPT 讲市场危机与机遇、公司的发心和决心、员工提升的目的和意义，以及挑战目标的本质和价值。会议结束后，员工们上来给我擦汗，我在内心感觉到我的讲话与员工产生了共鸣。正如塾长所说：如果把哲学当作个人或公司提升业绩的手段，不可能获得员工的共鸣。反之，如果发心是

为了员工的幸福和成长，一定会得到员工的高度认可。

经过 3 年的学习我感悟到，如果企业要想变化，只有企业家自身开始变化，企业才能变化。我们的员工，看到的不是稻盛和夫，而是经营者的一言一行。他们是看着我们的背影做事的，我们来不得半点虚伪。如果我们只拿老先生的经营哲学当成约束下属的工具，那就大错特错了。当从自身开始下手，放下身段改变自己，并一点一滴践行稻盛经营学时，一定会赢得下属的支持和追随。今年第三季度召开的第三期经营分析会和空巴，使我感受到了创业初期激情满满的氛围。截至 10 月，今年的销售收入与去年同期相比下降了 26.9％，而销售毛利润率只下降了 0.29％；代表公司快速响应能力的履约率指标，2019 年平均提升了 5.8％。

我的收获和同事的改变

公司采购部一位专员意外怀了二胎，由于婆婆身患癌症刚做了手术，家里家外事情很多，她应接不暇，决定把孩子打掉。请假单到了我的手里，我没有同意。我知道她的公公是因癌症去世的，婆婆得了同样的病。我对她说："不能打掉孩子，要接住老天送给你家的礼物。"2018 年年初在部门空巴上，几个月身孕的同事含着泪说出了原委。原来在递交请假单的周末，她决定把孩子打掉了。人已经上了手术台，恰巧收到了我的微信！她顿时改变了主意，从手术台上下来了。她说，现在每当感觉到胎动时，她都会说："孩子，是我们老总救了你的命。"孩子满月的时候，我去喝了喜酒，孩子见到我笑了，她婆婆的手术治疗很成功，精神状态特别好，全家非常幸福。

今年春节初八第一天上班，分别在两个部门工作的一对年轻夫妻，突然要离婚。虽然主管们做了很多思想工作，但他们执意离婚。事情汇报到我这里，我刚刚参加了公司初八的百家宴，下午3点要开公司大会，中间只有1小时的时间。那时，我刚刚从美国参加展会回来，时差原因夜里只睡了3小时，本想休息一下。我知道这对年轻夫妻已经有一双儿女，小的还不到1岁。我强烈地感觉自己一定要做点什么，否则心里会过不去。我告诉HR经理，让他们来见我。HR经理劝道："离婚的事情将男方父母搅进来了，管不好会出麻烦的。"我说："无论是谁，没有人拒绝你真心对他好！"结果，我和两位年轻人聊了1小时。

后来，听说女员工回家了。事情过去的第九天下午，HR经理突然推开我办公室的门，兴奋地对我说："他们俩和好了。上周末男方带着他父母到女方家里赔礼道歉了，女方下周就来上班！"我当时别提多高兴了。今年7月26日在公司的烧烤晚会上，他们上台唱了《都要好好的》，我当时情不自禁地落下了眼泪。

以上这些事情如果发生在过去，我是不屑一顾的，我觉得那是员工自己的事情，自己的事情都处理不好，还干什么工作啊。但是现在我似乎感觉到他们与我是一体的，他们不幸，我也不会快乐。我不知道我是学习稻盛经营学的哪本书、哪个章节、哪个条目而有此改变的，但我知道我凭直觉做了这些事情之后，我收获了巨大的喜悦和感动！感恩遇到了盛和塾，遇到了老先生，遇到了这么多的心灵之友，使我找到了快乐的源泉。随着公司业绩的增长，公司从 2015 年开始给每位员工的父母孝敬钱翻了一倍，即每个员工的父母每月可以收到 400 元的工资；2018 年，新入职员工薪酬提升了 28%，一线员工调薪比例达到 27.67%。

2018 年 6 月 30 日是管理层述职和公开考评的日子。球面部门的主管上台分享了一件事情："一天晚上我加班，郑总来了。她问我，吃饭了吗？如果没有吃，她的楼上还有粽子。我当时特别感动，郑总很少这样对我说话，每次她来车间总是会问生产进度、有难度产品的进展，很少关心我！"当着大家的面，小伙子居然眼睛有些湿润了！我坐在下面边听边思考：我不可能是这样无情的人啊！怎么大家接收到的与我内心不一样呢？我怎么自己没有感觉到呢？看来我在不知不觉中发生了变化，我自己也不知道。就是这些微小的变化，使我和大家的距离近了，虽然我还会很严厉地对待大家，甚至会有用脚踢人的举动，但大家慢慢理解我了。

今年 5 月，这个部门现场环境改造，碰巧又接到了中科院 20 批次 12 种透镜的订单。在这个主管的带领下，生产一天都没有停产，主管之间相互协作，员工们在两个车间来回奔跑，生产有序、质量可控，保证了关键产品和插单产品全部圆满完成。

2018 年 1 月，我第一次以吃饭交流的方式与公司所有员工进行了 12 场空巴。对于基本不陪客人吃饭的我来说，这确实是个不小的挑战，而员工们给予我的反馈，让我非常感动。一位员工在打卡里写道："明天就轮到我们部门开空巴了。今天夜班我无比兴奋，简直可以说是精神抖擞！因为内心比较激动，工作起来就没有压力，虽然今天要工作到凌晨 2:30，以目前的精神状态，我觉得能持续坚持到明天中午 12:30 开空巴！希望明天能快乐地畅所欲言！激动，激动，激动！！！"这是我无意中看到的基层员工打卡信息。有些女员工在家休产假，也赶来参加空巴了；原来员工是这样渴望与我交流！这就是稻盛先生讲的以心唤心，人人都是经营者的大家族氛围吧。

我从小到大一直受到家人和朋友的宠爱，不会为别人着想，结婚后没有什么改变。公公很赏识有出息的人，所以我在公婆家里仍然我行我素，不太在乎别人的感受。我在大恒公司工作 3 年，都是老公带孩子，刚开始时我一周回家一次。由于我的工作出色，老板为了让我每天能回家，专门开了公司通往我家的班车。创建公司时，老公非常支持我的工作，后来他辞职与我一起打拼。2002 年，由于公司缺少人才，3 月我搬到了公司，这一住就是 6 年半。遇到危机时，我已经习惯了一个人扛、一个人思考、一个人做决策，公司成了我生命的全部。与老公的交流越来越少，自己越来越强势，渐渐地对家庭的感情也越来越淡薄了。儿子很自立，小学六年级就上了寄宿学校，自己考上了北京市重点高中，后来又考上了复旦大学。孩子上学期间，我只参加过一次家长会，出席孩子 18 岁的成年礼。儿子读大学期间，给我发短信，我只回一个"阅"字。批阅的阅！现在想想自己真是太傻了，特别愧疚！

随着公司的不断发展，2008 年 7 月 14 日我搬回家住了，但是我与老公的关系并没有恢复。加入盛和塾之后，特别是遇到重庆行知教育集团吴安鸣校长，她的六次演讲给了我极大的震撼和刺激。吴校长告诫我：老板自己不幸福，员工是不可能真正得到幸福的。我开始慢慢改变了。去年 8 月，我第一次和全家人一起旅游。经过了这么多年，我才体会到：家是温馨的港湾，家是幸福的源泉，家是清凉的雨丝，家是爱的孵化园。家是奋斗的加油站，家是起航的新起点。很多年后我才明白，修身齐家治国平天下的道理！

找到人生的意义

2018 年，我在书架上翻到了 2008 年至 2011 年 3 月之间，我看过《活法》《活法 II》《活法叁》《阿米巴经营》，《活法》是 2005 年出版的，周庆玲翻译的。原来稻盛老先生的思想早已在我的心里埋下了种子，助我安全度过了席卷全球的美国次贷危机。原来老先生一直保佑着我，才使我的人生没有出现大的偏差。2016 年在产品升级的关键时刻，我又遇见了盛和塾，遇见了稻盛老先生。这 3 年的学习和浸泡，我有一种重新活了一回的感觉，生命有使命感了，每天工作十几小时精力充沛，遇到重大决策和危机时，我的内心很平静，周围的一切都在向好的方向转化。

这 4 个阶段导入阿米巴经营模式的波折，使我懂得不管是大企业还是中小企业，企业家都要以守护员工、家人和客户为己任，认真努力工作，同时意识到践行稻盛经营学不是一朝一夕的事情，绝非一个企业只要简单地按照稻盛先生的方法去经营就能轻而易举地获得成功，必须是将稻盛经营学落到实处，让哲学与员工共有，企业家先要修好自己，企业家的学习、修炼、成长是终生的事情。现在市场的形势是对企业家的巨大考验，贸易战的背后是一场科技战，考验的是企业家的心性、格局、视野和胆魄。稻盛塾长让我找到人生的意义，我将竭尽全力，带领创思人，持续践行稻盛经营学，努力实现员工物心两方面的幸福，助力科技腾飞，为社会发展做贡献，我愿奋斗终生。

再次感恩塾长的教诲，感恩各位的聆听。

曹岫云点评

自利利他的哲学

2020 年，郑小军的北京创思在 2 月 3 日就正式复工，第一天就有 129 名员工上班，复工率达 76%，2 月底达 96%，一季度订单完成目标的 132.9%。这在疫情防控时期的北京地区实在是难能可贵。因为创思的产品与防疫仪器有关，所以创思人带着使命感。

复工万一导致感染扩大，该怎么办呢？创思的经验很简单。从物理上讲，人与人只要保持 1 米以上的距离就可避免感染。问题是必须全员立即一齐付诸行动。当然卫生防控、环境消毒、全员戴口罩等具体措施也要落实到位。公司制订了复工细则，郑小军天天到工作现场、餐厅检查确

认，2 月几乎每晚都与员工视频连线。

关键是人的意识：自己不小心感染了，不仅个人会处于危险之中，还会把危险带给亲属、伙伴、团队，影响公司，影响社会。利他自利，公司的规定必须成为每个人自觉的行动。创思做到了，做得很好，这绝非偶然。

2019 年 10 月 27 日，郑小军在厦门报告会上的发言感动了全场听众，许多人为之落泪，发出叹息。

作为一个高科技企业的经营者，郑小军是一个比较理性的人。由于出身、经历再加个性，无论在家庭还是在企业中，她都比较强势，甚至有点霸气。但是，她的发表却有很感性的部分，整体又很理性。她的发言中还有些相当深刻的语言打动了我。这种感性和理性在较高层次上的平衡，显示了小军的一种哲学水准。

郑小军原来的性格是有点高傲的。对年轻员工离婚之类的事，本来是"不屑一顾"的。她认为"那是员工自己的事情，自己的事情都处理不好，还干什么工作啊"。但是也不知道学了稻盛哲学中哪一条，这次她用真诚的话语，劝和了一对决心离婚的、已经有一双儿女的年轻夫妻。这时，她觉得自己与员工是一体的。劝和成功让她产生了巨大的幸福感。

另外一位女职员，因为家庭突然的变故，准备打掉腹中的二胎。郑小军向她发了一条微信："不能打掉孩子，要接住老天送给你家的礼物。"那位女职员当时已经上了手术台，恰巧收到这条微信，瞬间救下孩子一命。

郑小军创办企业的初始目的，是证明自己的能力，实现自己更大的价值。学习稻盛哲学，她懂得了"企业不是经营者实现个人抱负的工具，而是追求全体员工物质和精神两方面幸福的平台"。因为有了这一根本理念的转变，上述爱护员工、与员工心连心的事情就自然而然地发生了。

在企业发展遇到瓶颈，处于焦虑中的郑小军有缘参加了北京盛和塾的一次活动，被深深吸引后，她和她的团队热心学习稻盛哲学，读书打卡，编制哲学手册，到标杆企业访问取经，全员参加培训活动，办空巴恳亲会，连续四次导入阿米巴经营模式等。这样的学习当然有效，但也有波折起伏。

郑小军意识到，实践哲学，首先必须改变自己。员工看到的不是稻盛和夫，而是作为经营者的一言一行。

改变自己也许很难，但比改变别人容易。所谓改变自己，就是要改变自己从来不为别人着想的、不在乎别人感受的利己心，用利他心待人处事。

过去小军到工作现场，只询问生产状况，很少关心别人。这天晚上却问加班的主管："吃饭了吗？如果没有吃，我楼上还有粽子。"就这么一句贴心话，让当事人感动不已。小军过去很少陪人吃饭，但这年 1 月，她分别与全体员工进行了 12 场聚餐交流。有的员工为了能在她面前畅所欲言，精神抖擞工作到凌晨 2:30，并坚持到中午 12:30。经营者的利他心赢得了员工由衷的信任和尊敬，激发了员工的工作热情。

利他心在家庭关系上也非常灵验。郑小军过去把公司看作生命的全部，冷落了老公和儿子。利他心能让公司和家庭两全其美。在打造高收益企业的同时，郑小军的家庭生活更圆满、更幸福了。

稻盛哲学唤醒逆境中的大智慧

大家好！我是广州市莱克斯顿服饰有限公司的温汉清，是来自广东盛和塾的塾生，非常感恩和荣幸能站在这里与塾长和各位企业家朋友一起学习和分享，也非常感谢盛和塾给我这次发表经营体会的机会。[1]

成长历程

我来自广东普宁的一个小山村，小时候家里非常穷。很小的时候，家中米缸见底没有米，父亲冒着大雨到亲戚家借，全家人等着父亲带米回来做饭。家乡地少人多，我在家里排行最小，上面有哥哥和姐姐，一家人就靠父亲耕种生活，那时虽然贫穷但也是平淡幸福。在我 12 岁那年，父亲因病去世，让原本贫穷的家庭陷入更大的困难。自姐姐出嫁、哥哥外出广州打工后，家里只剩下奶奶、母亲和我。父亲在世时，家里开了个小卖铺，经常由我来卖东西，有时父亲也会让我到镇上去拿一些

---

[1] 本节由盛和塾（广东）塾生、广州市莱克斯顿服饰有限公司温汉清 2020 年的演讲汇编而成。

货回来，从那时起我就开始接触生意。父亲去世后，小卖铺散了，家里实在太穷了，妈妈连我要买两毛钱的笔记本的钱都拿不出来。为了贴补家用，我很小就做起了小买卖，每天到各村去卖西瓜、卖冰棍、卖玩具、收废品拿到镇上去卖钱，一边读书一边想尽办法赚钱。小学毕业后，因为初中要住校，可是家里确实交不起学费，我当时的头发留得非常长，家里连让我理发的钱都没有。不忍心看着妈妈这么辛苦，读完初中第一学期我就辍学了，就想跟着哥哥到广州打工，想赚钱减轻家里的负担，减少妈妈的辛苦。

1990年刚过完新年，我就准备跟着哥哥去广州，要出门的时候，我就暗自下定决心：要坚持学习、不能让妈妈担心、不能让妈妈辛苦、不能赌博。出门前，我向村里人借了大量的旧课本，怕将来自己不认得字，还准备了家里唯一的电器——手电筒。哥哥问我为什么要带手电筒，当时还闹了个笑话，我说去了广州晚上天黑需要手电筒照路。到了广州后，我发现夜晚满街都是灯，灯光都把我看晕了。在广州，哥哥的生活条件也是非常艰苦，在帮人卖衣服，赚到的钱仅仅只能维持日常生活开销。我刚到广州因为又小又瘦，只有十四五岁，找了很久的工作也没有人愿意雇我。后来，哥哥叫我去学缝纫衣服，将来也能有一个技术修身，但是学了3个月什么也没学到。后来，我就到海丰工厂做剪线头打杂的工作，因为身体素质太差，做了一个月就生病了。后来实在做不下去，只好又回到老家，放了一个月的牛。

没过多久，我又来到广州，就去卖水果、卖广东人煲汤的材料。我非常投入，经常卖得比别人快，比别人好。但是卖水果进货是按箱进的，不能打开箱子看。有时拿回去的水果如果是烂的，那就亏了，过了一段时间，水果生意也维持不下去了。这时，非常幸运的是，我得到了一个工作机会，去哥哥的老板的店里打杂整理仓库。历经波折，终于有了工作，我心里非常高兴。每天很早就去工作，大家还没来我就到了，平时几个人干的仓库我一个人就抢着干完，把仓库理好后，我就到门店帮忙卖东西，接待客人。经常他们还没到店里，我就把产品帮忙卖了，大家都很喜欢我。出门打工一年，我终于盼到回家过年。因为每天搬货干体力活，我的十个手指都是烂的，但我心里非常高兴。妈妈问我的手怎么了？我安慰妈妈说是帮老板数钱数的。过年带着一些钱回家，做的最重要的一件事就是帮妈妈到镇上买煤炭，做成够用一整年的煤球，这样妈妈就不用再辛苦去砍柴，当时感觉特别幸福。

转型突破

后来，哥哥和朋友在灯光夜市合伙开了半间晚上临时搭建的小摊档，开始做生意，那时的夜市有一些来自各地的小商品批发零售商。我白天去上班，晚上就去帮忙照顾夜市生意。不久后，哥哥的朋友自己单干了，留下了一个 2 平方米的半边摊档给我们经营。然后，哥哥又和另外的朋友合伙开了一家小型服装厂，这个夜市小摊档就开始由我经营，那一年我 17 岁。晚上如果有上千个店，我就找搭棚子的工人，每天给他几元钱把我的店第一个搭起来，下午 5 点多就开始营业，晚上让他们拆完所有的棚子再来拆我的，别人家是晚上 7 点到 10 点就结束营业了，我是从下午的 5 点到晚上 11 点半，经常整个市场就剩我一家在营业，收工完还要把货送到客人下榻的酒店里，我经常到凌晨两三点钟才能回到自己的住处。白天，我 6 点又去上班，由于体力严重透支、睡眠不足，常常会在上午 10 点左右晕过去，因为实在太累了！但我还是坚持干了两三年，在夜市开了 3 家店铺，而且生意是整个市场中最好的，干赢了那些经营了很久的前辈，那时不到 20 岁，我已经赚了几十万元。

1993 年时，夜市市场开始萧条，很多客人也逐渐不再晚上来灯光夜市拿货了，都直接白天到批发市场进货。很多店铺和工厂纷纷经营不下去，有的人生意不好就放松了；有的人就去玩乐，天天赌博；还有的同行赚了一些钱不想这么辛苦就结束摆摊档了。那时，我也过得非常艰苦，整整有半年的时间天天没有生意，天天亏损，生意经营难以维持下去，不知何去何从，一边在坚守，一边在不断思考怎么开拓生意。在此期间，我也尝试做女装，自己买面料搞款式让工厂加工，但是生意很不稳定，好卖时一天全卖光了，有时又全部卖不出，加之我对女装不熟悉，经营上遇到了很多问题。后来，综合考虑之下，我将夜市的店铺转租给了别人。

1994 年，我看准了全国最大的一线批发市场：广州十三行路批发。那是我打工过的地方，也是我白天拿货的地方，全国各地的大型批发商都到这个市场进货再批发，这是中国最早对外经商的地方，很多人从这里发家致富。当时这里，几乎被实力非常雄厚的几家厂家或店家垄断，竞争非常激烈。

决心在十三行路做批发业务后，我租了前任老板的一小边店铺，约 3 平方米，开始做裤子批发业务。前任老板做针织 T恤批发业务，他与我不存在竞争关系，但那时做裤子批发的同行几乎垄断了生意，他们的生意非常火爆，门店又大，客人又多，而我刚到这个市场没有任何优势，没有客源，店面非常小，也没有好的工厂与我合作。刚开始，只有一些新开的小厂和零散的客人，我每天想尽一切办法去经营，把产品卖出去。每天从每一位客人身上下功夫，服务好他们，赢得他们的支持来从我这里拿货。

做批发的核心就是开好店铺，工厂负责生产并把货送来代销，我们负责销售。那时，那些规模大的批发店铺有很多客人，可是他们永远想把工厂和客人隔开，不让工厂到店来，也不让客人知道赚了多少钱。而我当时就透明公开利润，每条裤子只赚3～5元，我与众不同的做法，让合作的工厂和客户都非常放心。慢慢地，越来越多的厂家到店里来了解我的经营，很快我的生意就好起来了，厂家的生意也好起来了。有的工厂自己在广州开了5家批发行，后来也选择与我们合作，放弃自己做销售。那时，我每天就是为不断地争取大型供应商和全国各地大客户的合作而拼命努力。

到了1995年，我成为批发市场的新星，与大家平分生意。那时我不到20岁，每天只是想尽办法让工厂满意、让客户满意、让员工满意，对每个员工都像家人一样的热爱和尊重。到了1997年、1998年时，在大家的信任和帮助下，我们的裤子批发销售每年达到两三百万条，成为全国最大的批发商。

品牌开创之路

2000年左右，批发生意又遭遇了困境，很多同行的店铺要么倒闭，要么转型。与此同时，我也开始了品牌零售之路，带领批发行做系列产品批发。2000年，我们批发行的团队也有了七八十人，团队非常年轻，都是不到20岁就到我们这里来工作的，团队的业务骨干也都是从这里成长起来的。为了实现品牌梦想，我把批发事业交给了团队和哥哥负责，带着一两名员工，独立去开拓品牌零售经营，开始我们的品牌之路。非常幸运的是，品牌的经营当年就实现了盈利，并得到快速发展。

2003 年的"非典"疫情相信大家都有印象，那时候受"疫情"影响，同大多数品牌一样，我们的经营陷入困难，大家都在恐慌中，4 月完全没有生意。5 月开始，我不断带领团队开会，给大家打气鼓励，在别人恐慌的时候，我们在努力拼命工作。就这样，在团队的努力下，我们同年业绩获得了 68% 的增长，让同行非常震惊。

遭遇困境

2005 年，我们的品牌业绩达到 3 亿元，每年利润都很好。这时，我就想品牌已经上了轨道，有大量的客人，有实干的团队，有大量的供应链资源，我们已拥有很好的条件，可以再创立一个品牌。于是，我又带着原有的批发团队投入巨资再做了一个男装品牌。多年的成功经营让我们在行业市场上很受关注，客人一听说是我们做的，都纷纷争着代理，在短短一年的时间内开了 100 多家的店铺。

然而好景不长，很快就有很多让我意想不到的问题出现了。客户新开的店铺生意不理想，不断出现亏损，很多代理商回款艰难，加上代理商没有做过零售，新品牌的经营陷入非常大的困境，团队士气低迷，这一切都是我难以想象的。而且，由于我的精力重心都在新品牌上，导致我原有的品牌——莱克斯顿，团队开始出现不好的状况，人心也开始发生变化。

2007 年，我第一次看到了稻盛塾长的《活法》一书，让我非常激动，我通宵反复地看。塾长讲的：动机至善、私心了无。利己之心是拔出魔剑自挖坟墓，利他之心拔出的是正剑。我拿着这句话对照自己，创造新品牌就是欲望和利己之心，根本没有半点利他之心。

塾长的《活法》给我的触动非常大，在不断地自我反省后，我断然结束新品牌的经营，为自己的过错负责。清理新品牌的每笔交易，减免所有客户 50% 的债务，将所有供应商的债务还清。就这样，新品牌投入的 3 年时间刚好把投资款亏光。

2007 年，我投入现有的公司工作，在重新整顿之下，公司逐步好转。全国店铺迅速发展，总部团队达到 200 多人，自营店铺达到 80 家，加盟店 200 多家，年收入 5 亿多元。

2008 年，随着经营成本的不断上升，效益下滑，我感到团队跟不上我的步伐，需要招聘一些高端的人才加入公司。从2009 年开始，我就不断地在外面聘请高级管理团队加入公司，也请来了一位香港公司的高管来公司担任总经理。新任总经理和管理团队加入公司后，对公司上下进行了大刀阔斧的调整，实施高压和独裁的管理，虽然初期带来了业绩的提升，但是问题也开始严重起来：跟随公司多年的干部不断地遭到否定式停职，人员不断扩充，经营成本不断上升，公司人员结构动荡，内耗严重。面对公司当时的情况，我开始感到焦虑不安，也感到迷茫。

后来，我通过朋友拜见了一位高人，向高人请教并说出了我的疑惑和迷茫："我今年 36 岁，是做生意的，经营了二十几年，家庭事业都很幸福，但是我现在很迷茫，不知道未来的路该怎么走？"他看着我说："您身边的人幸福吗？公司的人幸福吗？社区幸福吗？国家幸福吗？"高人的反问，让我顿时无地自容，看到了自己的自私自利。员工生活尚在水深火热之中，我怎么会幸福呢？

见了高人以后，我开始了深刻的反省：从刚创业时心思单纯，只是为了赚一些钱，让母亲不用辛苦，让家人过上幸福生活；经营上总是想着伙伴的满意，视员工像家人般重视和对待，构建大家庭的公司文化，员工和家属都以公司为豪，也是大家共同拼命努力才将公司经营发展到现在，而今自己却只想着如何将企业做得更大，家族要赚更多的财富，充斥着功利、欲望和傲慢的思想。

回到公司后，我辞退了新任总经理，并向全体同事做了发自内心的反省。想着这么多同事跟着公司一起打拼，要让他们感受幸福，于是公司就大幅提高员工工资，增加福利：女员工产假由原来的 3 个月改成半年全额带薪产假制度；成立了基金，针对员工医疗全额报销和困难家属的帮助。但是，这一系列的福利调整，并没有给公司管理带来改善，反而让公司经营变得困难。员工没有危机感，部分员工变得更加计较，也有部分员工认为公司取得发展，而自己得到的回报不够，从而变得消极对立和不满等，就这样，团队管理的各项问题一直在困扰着我。

绝地重生

这几年，虽然我不断地在学习稻盛塾长的管理哲学和中国的传统文化，希望能将公司经营好，但是公司的经营就一直不得力，我对公司发展停滞不前深感苦恼。而且 2013 年、2014年的服装行业都在面临关店潮、倒闭潮，整个行业情况非常严峻。2015 年上半年，我们公司也遇到了前所未有的困难，几个月出现了大幅亏损，仅上半年就亏损了 3000 多万元。所有店面都在亏本，全国的代理商相继停业，公司一下子减少了将近 2 亿元的收入，几乎所有的客户收入都没有了。这时，公司内部动荡，人心惶惶，负面情绪严重，团队压力非常大，公司濒临倒闭。那几个月，我非常痛苦，有好几次都觉得干不下去了。我连续几个月失眠无法入睡，有两个星期吃不下、睡不着，只能靠吃营养粉维持，身体一下子就暴瘦了十几斤。我自己的情绪也到了非常糟糕的地步，整个人时时处于绝望和悲观的状态。

2015 年 5 月，终于等来了盛和塾上海报告会，我提前几个月就报了名，带着一位同事前往上海报告会学习。在两天的报告会上，我听到了大家的分享：如何在萧条中飞跃？如何转败为胜？塾长讲的：企业要有高收益、大义名分、哲学共有、提高心性、量入为出、销售最大化、费用最小化、定价即经营和以心为本的经营等，这些能量一波波就像电流一样冲击我的内心。回到公司后，我就召集核心干部一起交流。这时，我已经非常明白，过去学习哲学起不了作用主要是我自己在学，团队没有学习，没有哲学共有，我们的干部就无法提高心性。我也认识到经营不能没有哲学，我明确地告诉公司团队，如果不学哲学，我的企业无以为继。

从上海学习回来后的两三个月，我还是不断地失眠，一边学习一边痛苦地面对现实存在的问题，思考着经营不下去的风险。

有一天晚上凌晨四五点，心中一幅幅画面在脑海中浮现，想象着公司若经营不下去，我将无法向跟着我的员工交待，无法向多年来支持我的供应商和客人交代，更无法向我的家人和母亲交代。公司必须经营下去，如何经营下去，我的内心在反复自我问答。突然间，我心中一亮，兴奋地抓住了熟睡中的太太的手，我告诉她，我抓到了力量，就是体会到塾长所讲的经营企业的价值：大义名分。我们一切都有了，企业应该要有利他之心，要为所有员工的幸福而努力，他们一路跟着我们工作，我们所有的成绩都是大家的恩德和帮助，不能只为我们自己要赚更多的财富和房子。

为了实现"哲学共有"的决心，我邀请了广东盛和塾的家辉来协助我们共同学习哲学，制定和推动学习的方法。首先，组织大家一起集中学习塾长的《企业为什么要高收入》《经营十二条》《萧条中飞跃的大智慧》《领导者的资质》《经营为什么需要哲学》，每一期我都同大家一起讨论和学习分享，同时不断带领骨干到塾友企业参加学习。公司的核心干部很快就认同了稻盛哲学，团队达成共识，大家前所未有的团结，消减了费用。公司全员购买了《活法》《干法》《六项精进》《经营十二条》等图书，每天早上各部门自发自主地诵读图书内容、作分享，并把心得写出来发在总部微信群和大家分享。每周一早上，公司全体人员到总部多功能厅集体学习，不同部门的基层员工和管理层分享，我也积极参与其中学习和分享，雷打不动。

回归以心为本的经营

在不断带领大家学习哲学的过程中，我以真心与团队沟通，当人心转变了，所有的一切都回归了。

经过持续的学习，公司与员工目标共有，与员工拉近了距离。

员工的思想进步很大，在短短的几个月时间里，整个队伍有了翻天覆地的变化。面对 2016 年 100 家新店的高目标，在人员有限的情况下，每个人都承担着比往常更大甚至翻倍的工作量，但大家依然充满热情，从未喊过苦和累；各部门间少了指责和推托，而是团结一致。在终端也是如此，浪费明显降低，销售稳定增长，大家干劲十足。我想这与我们这一年来的哲学积累有着重要联系，大家都逐步把工作当成自己的事业。

我们全面推行"员工人人都是经营者"的观念，每位员工参与相应部门的经营，与企业、与所在部门共生共荣。同时，开展奋斗者"梦享计划"，让店铺店长、分公司参与经营利润分红，总部也计划拿出年度经营利润的 25% 给予团队分红。在2020 年 5 月，公司兑现了第一批终端店铺利润分红，极大地鼓舞了团队的士气，团队也真切地感受到自己就是经营者的那份自豪感。

利他定价

众所周知，中国服装零售业整体都比较困难。主要原因是传统的经营方式，中间环节太多，有代理商、加盟商、商场扣点，层层加价，让中国的服装价格同比国外品牌高出很多。而中国的消费者已经回归理性消费，价格脱离了消费者的承受力，与塾长的"定价即经营"思想完全背离。

从 2019 年 7 月开始，我们调整了战略，让我们的产品彻底回归到高性价比的亲民价格。将与工厂和原来加盟的模式转为合作联营，大大减少中间环节，让利给消费者，从原来出厂产品 6 倍的加价到现在的 2.5 倍；从原售价 700～800 元的产品，现在只卖 200～300 元，让顾客能轻松地消费。通过亲民价格的调整，我们吸引到不同阶层的消费者，也收获了市场的认可和尊重。这一切的改变都是源于心的转变和定价的转变。产品最终的价值是利于消费者，只有消费者满意了，我们才算得上是在干一件真正有意义的事业！

在价格调整的同时，我们调整了经销商转变成联营的模式，经销商无须承担任何的库存压力；与此同时，让供应商参与到我们的货品开发工作中，我们用货品的销售额与供应商共享经营成果。

就这样，在利他思想的影响下，战略模式的调整也让我们的供应商和合作伙伴看到了希望，从原来经营不下去的局面到现在的全面盈利，莱克斯顿的品牌经营变成了一个可以与产业链共享经营成果的事业平台。

创造高收益企业

在 2015 年上海报告会上，稻盛塾长反复多次提到企业经营要达到"10% 利润率"的要求。为此我们在企业内部多次展开"如何创造高收益企业"的研讨会，并达成"经营要销售最大化、费用最小化"的思想共识。在过去，我们从未考虑成本意识，对成本也没有合理的规划，导致这些年高额成本累积，严重增加了公司的经营负担。在公司推行稻盛哲学后，全体员工思想上都深刻地意识到"销售最大化、费用最小化"的重要性，公司逐步在各部门、各门店推行"人人都是经营者"的观念，每个人都是自己部门或店铺的主人，要为自己的每项工作负责，严格管控各项成本，做最有效的投入。很快，这一举措取得了明显的成果，2015 年下半年，在短短几个月的时间里，我们的成本控制就较以往减少了 3000 多万元。可想而知，我们之前的成本浪费有多么严重。同时，通过"梦享奋斗者"计划，店铺同事、总部同事都自觉地加入节约费用的行列中，公司整体的日常经营费用也在不断地下降。通过公司上下齐心的努力，2019 年上半年的亏损在下半年基本赚回来了，全年基本持平。

在新模式下，我们的销售业绩在 2020 年基本每月都实现了 50% 以上的增长。由于我们的商业模式，企业的毛利空间只有 20%，我们只有降低费用成本，提高经营效率，才能真正做到高收益企业。过去，我们一直停滞不敢开店；现在，我们基本每一两天就有新店开张。我们的目标是 2020 年新开 100 家店铺，从目前的速度看，新店数量有望超过原计划，全年有望收入翻倍，利润争取在 10% 左右。

建设企业哲学

通过学习塾长的哲学，我们勇敢地做出了一系列的调整。2019 年 9 月至今，公司也组织了团队参加广东盛和塾的哲学手册的研修，经过无数次的讨论和修订，大家共同制定了公司的信念、使命和愿景。我们把"修己、感恩、利人"作为我们的企业信念。

修己：就是不断地反省自己有没有自私自利，有没有私心，有没有傲慢；是时刻保持谦虚，不断地提高心性；是我们"作为人，何谓正确"的修行。

感恩：我们生活的一切都来自天地万物和大众的帮助，我们的身体来自父母，所有的工作成果来自同事们的努力和帮助，来自供应商、客户、社会和国家的支持，我们要相互感恩，要以报恩之心努力工作来报答他人，活着就要感谢！

利人：就是利他，是给人带来方便，不给人添麻烦，对别人有好处，对大众有帮助，对社会有帮助。

企业使命：追求全体员工物质和精神两方面幸福的同时，为合作伙伴创造共同发展平台，为社会进步做出贡献。

企业愿景：携手全球优质供应商，用时尚链接千万消费者，成为中国百亿级销售平台，拥有 6000 家门店规模，打造中国全渠道男装行业第一品牌。

在我们研修哲学手册的过程中，我们团队反复讨论、学习和制定以稻盛哲学为基础的企业哲学，订立出企业大义名分的使命，也制定了我们未来的目标和愿景。通过共同学习的过程，团队更加体会到哲学共有的重要性，更加明确企业的使命、意义和发展的方向，也增强了巨大的力量和挑战未来的勇气；与此同时，我也明白了经营企业真正的使命和意义。

感恩稻盛哲学的引领

我从 17 岁开始到现在 25 年的创业经营历程中，中国这二三十年每天的变化都很大，每几年就迎来经营上的变化和淘汰。我也见证了很多行业和同行经营不到几年就被淘汰的命运，我们也在不断地面对转变和困难。我先凭着从开始之初为了让母亲不再辛苦和家人能过上幸福生活的单纯之心和简单之心，在员工和大家的支持下每天拼命工作，一次次地在困难中实现了发展。开始之初我只想着别人的满意和利益，企业取得了很好的发展。但随着企业越来越大，团队成员越来越多，这几年出现种种的经营困难，企业的经营和团队的管理就像陷入困难的旋涡，甚至可能经营不下去，这些都是因为自己的心迷失了，企业没有哲学。

如果没有遇到稻盛哲学和塾长的教育，现在的我自己都不敢想象如何走出困难和迷茫时期，那时一切的方法都不管用，所有的问题都无从下手，很可能由我创办的企业将由我毁掉。所以，我非常感恩塾长的稻盛哲学和盛和塾的教导帮助，让我能从哲学的角度提升自己和学习实践，让我回归到了原点初心，看清了问题的本质，明白经营企业的本质就是经营人心，要获取人心就要展开真正以心为本的经营，要以利他之心和创造员工幸福为企业使命，同时，为社会的进步做出应有的贡献！

最后，我坚信企业全面学习实践稻盛塾长的哲学一定能实现梦想，心想事成，梦想成真！也祝各位实现梦想，梦想成真！

谢谢大家的聆听！谢谢！

危机是机会

受疫情影响，整个服装行业销售额大降，但对莱克斯顿来说，危机却是机会。一条街上本来有 5 家服装店，现在开店的只剩自己一家了，这不是机会吗？自家虽有一定规模，但在整个行业中的占比微乎其微，比如只占万分之一吧，整个行业哪怕下降了 50%，自己从万分之一增加到万分之二、万分之三有什么难呢？把危机变成机会，温总这么说，也是这么干的。

成败在于心。温总出生于贫穷的山村，小学毕业，14 岁就闯世界，17 岁当老板。他拼命努力只有一个目的，摆脱贫困，不让母亲担心，要让家人过上好日子，初心就这么单纯。

但发了财，穷小子变成小富翁，心就变了，以为自己无所不能，有钱有资源，于是高薪聘请职业经理，自己当甩手掌柜……结果一落千丈。

遇见稻盛哲学，幡然醒悟：反思 30 年摸爬滚打的经历，贫穷不是问题，学历不是问题，非典不是问题，环境变化不是问题，甚至能力也不是问题。问题仅仅是自己的那颗心。心傲慢了，心懈怠了，钱再多，市场环境再好，经营资源再丰富，都不管用，经营如自由落体般加速下跌。

八字护身符。初读稻盛的《活法》如醍醐灌顶。温总说，"动机至善，私心了无"是他的护身符。"利他"这个词，过去听都没听过。做生意不就是为了赚钱过好日子吗？利己还来不及，哪谈得上利他。但细细一想，当初，不让母亲再吃苦，善待员工，宁可自己少赚一点，也要让生产厂家、经销商、消费者获利，这些不就是利他吗？相反，发财后，依靠外部来的职业经理，大搞绩效考核，就是刺激人的私利私欲，于是上下都以利己心驱动，结果问题层出不穷，越搞越复杂。

员工物心双幸福。参加盛和塾上海报告会，温总彻夜难眠。回去第二天，断然解雇职业经理人，重新珍视在艰难中不离不弃的老员工。

更重要的是，堂堂正正公开宣布，企业的目的就是：追求全体员工物质和精神两方面的幸福。

这一条几乎是所有中国企业，包括大企业在内，都没有勇气宣布的。这才是稻盛经营哲学的核心。

在这样的目的之下，包括在这次新冠疫情之中，没有也不会解雇任何一名员工。

为了实现这一目的，温总宣布，全员必须学习利他哲学，必须哲学共有，否则公司就不办了，因为没有哲学，只靠利己，企业没有未来。

温总自己率先垂范，在实践中贯彻"作为人，何谓正确"的判断基准。于是，与产业链上所有合作伙伴双赢多赢，付出不亚于任何人的努力，全力开发新产品，销售最大化、费用最小化、创造高收益、数字经营、推行阿米巴等，一切都顺理成章。以经营者为首，干部员工的力量和智慧涌现，积极应对经济萧条，保障员工幸福，维护企业生存，进一步拓展经营，为社会做贡献，水到渠成，那都是必然的结果。

稻盛和夫经营哲学系列

《 心：稻盛和夫的一生嘱托 》 平装版 / 精装版 / 口袋版

[日] 稻盛和夫 著　　　曹寓刚　曹岫云 译
平装版 ISBN：978-7-115-53619-8　定价：59.00 元
精装版 ISBN：978-7-115-54947-1　定价：79.00 元
口袋版 ISBN：978-7-115-54946-4　定价：59.00 元

- "日本经营之圣"稻盛和夫的收官之作。
- 稻盛和夫先生将其传奇人生封装在这本书中，将最重要的人生成功和幸福的秘诀传于世人，一切始于心，终于心。

《 斗魂：稻盛和夫的成功热情 》

[日] 稻盛和夫 著　　曹岫云 译　　曹寓刚 校
ISBN：978-7-115-56121-3　定价：59.00 元

- 稻盛和夫成功改造 AVX 的强大思想武器、稻盛哲学的体系框架、利他哲学的源头活水。
- 松下幸之助称："年轻人至少应该花时间从头到尾读上一遍"。

《 百术不如一诚 》

曹岫云　著

ISBN：978-7-115-61854-2　定价：59.00 元

- 稻盛和夫（北京）管理顾问有限公司董事长、浙江稻盛商道研究院院长曹岫云最新力作。

- 全景式展现稻盛和夫的人生足迹，详细叙述稻盛哲学之精髓，系统阐释稻盛思想理念，一本书读懂稻盛和夫。

《 学法：稻盛和夫经营学入门指南 》

赵君豪　著

ISBN：978-7-115-59887-5　定价：59.00 元

- 稻盛和夫经营学的系统总结，企业经营者学习的实用指南。探寻稻盛和夫人生哲学、经营哲学和经营实学之精要，解读稻盛和夫经营学之真髓。盛和塾官方学习教材。

- 稻盛和夫（北京）管理顾问有限公司董事长曹岫云作序推荐。

《 六项精进 》平装版 / 口袋版

[日] 稻盛和夫 著　　曹岫云 译

平装版 ISBN：978-7-115-57638-5　定价：69.00 元

口袋版 ISBN：978-7-115-60855-0　定价：59.00 元

- 稻盛和夫经营学核心读本，稻盛和夫在经营实践和生活实践中的切身总结。

- 严格修订稻盛和夫的重要演讲内容，新增实践案例，附有稻盛和夫、曹岫云的精彩点评。

- 被世界 500 强企业奉为圭臬的经营哲学书，值得所有人阅读的人生智慧宝库。

《 经营十二条 》口袋版

[日] 稻盛和夫 著　　曹岫云 译

ISBN：978-7-115-60857-4　定价：59.00 元

- 稻盛和夫经营学核心读本，揭示稻盛和夫经营企业的原理原则、代表性经营手法。

- 十二条原则搭配全新的企业实践案例，对企业经营者具有很强的参考价值。

《经营为什么需要哲学》 平装版

[日] 稻盛和夫　著　　　曹岫云　译

ISBN：978-7-115-57639-2　定价：69.00 元

- 稻盛和夫经营学核心读本，阐述经营智慧及生活方式、人生态度的智慧。

- 讲述稻盛经营哲学的精髓，畅谈企业长青的秘诀，提出经营需要正确的哲学。

- 附有践行稻盛经营哲学的案例和稻盛和夫、曹岫云的精彩点评，方便实践稻盛哲学时参考应用。